平台经济与劳动立法国际趋势

[法]伊莎贝尔·道格林
[比]克里斯多夫·德格里斯
[比]菲利普·波谢
——编

Isabelle Daugareilh
Christophe Degryse
Philippe Pochet

涂伟
——译

THE PLATFORM ECONOMY AND SOCIAL LAW

Key Issues in Comparative Perspective

中国工人出版社

图书在版编目(CIP)数据

平台经济与劳动立法国际趋势 / (法) 伊莎贝尔·道格林, (比) 克里斯多夫·德格里斯, (比) 菲利普·波谢编 ; 涂伟译.
-- 北京 : 中国工人出版社, 2020.6
书名原文: The platform economy and social law : Key issues in comparative perspective
ISBN 978-7-5008-7423-2

Ⅰ. ①平… Ⅱ. ①伊… ②克… ③菲… ④涂… Ⅲ. ①劳动法—立法—研究—世界
Ⅳ. ①D912.504

中国版本图书馆CIP数据核字(2020)第097024号

平台经济与劳动立法国际趋势

出 版 人	王娇萍
责任编辑	罗荣波
责任印制	栾征宇
出版发行	中国工人出版社
地　　址	北京市东城区鼓楼外大街45号 邮编：100120
网　　址	http://www.wp-china.com
电　　话	(010)62005043(总编室) (010)62005039(印制管理中心) (010)82075935(工会与劳动关系分社)
发行热线	(010)62005996　82029051
经　　销	各地书店
印　　刷	三河市东方印刷有限公司
开　　本	880毫米×1230毫米　1/32
印　　张	8
字　　数	140千字
版　　次	2020年7月第1版　2021年9月第2次印刷
定　　价	48.00元

本书如有破损、缺页、装订错误，请与本社印制管理中心联系更换

前 言

多年来，平台经济及其社会影响一直是学术界和社会争论的焦点。尽管已发表了无数的研究成果，但由于缺乏准确可靠的数据，特别是该行业的经济权重和就业人数方面的数据，加之平台经济本身就是一个涵盖许多不同商业模式的通用名称，要真正掌握这一课题并与社会环境相联系，仍然困难重重，前路漫漫。

近年来，欧洲工会研究院一直致力于从工作、就业两大角度研究经济数字化和平台经济：平台工作者的工作条件受何影响？他们如何组织？他们有什么权利？以及他们要怎样维护权利？

2018 年 11 月，波尔多大学劳工和社会保障法比较研究中心在欧洲举办了一场研讨会，专门比较研究平台经济的法律途径及其在社会立法方面引起的各种问题。劳工及社会保障事务方面的法律专家就下列问题分析了十个国家（奥地利、比利时、法国、意大利、荷兰、罗马尼亚、西班牙、瑞士、英国和美国）的国情，这些国家的法律传统各不相同，也面临不同程度的经济数字化：这种新兴商业模式带来了哪些法律冲突？国家法律体系如何演变？各国应如何调整自身策略？

这一法律视角揭露了这些平台正试图利用社会立法的漏洞和模糊性得出一种规则，即它们的商业模式应该允许免除它们对为其工作的个人所应该承担的所有社会责任。各种法院的裁定都试图执行这一规则，当然也有法院对工人和雇主的最佳定义提出了质疑。相关人士为平衡权利诉诸法庭，这些案件（往往是集体案件）意味着立法将在重建社会契约方面发挥作用。

由欧洲工会研究院、波尔多大学劳工和社会保障法比较研究中心携手完成的工作计划将在某个阶段合二为一。目前双方工作已经合并，本书正是其工作成果。正如各位读者即将看到的一样，该项目考虑到了技术发展过程中劳动关系演变的相关背景，并从历史角度对法律途径进行了全面分析①。这种补充性方法使我们能够摆脱一些枯燥且往往过于简单的争论，比如："机器人会抢走我们的工作吗？""数字平台是否即将摧毁我们的社会模式？"

① CRIMT 项目旨在评估并尽可能比较不同领域的制度创新。两家机构共同致力于该项目并非偶然。

诸如此类，不一而足。无论是机器人，或是各类平台，都不会构成这样的威胁。从社会角度看，技术无法对自身进行分析。长久以来，对技术的分析必须与对使用技术的商业模式的分析一同进行。因此，问题关键在于某些商业模式是如何利用这些技术的。这个问题值得广泛地讨论，这也是本书的目的。这场讨论要有建设性，不仅仅是聚焦于某一特定技术，还要关注掌管技术的人如何利用它及其对整个社会构成了何种威胁。这场讨论还需要法律发挥作用，因为法律能够为创新的形成环境划定边界。

本书的主要特点在其补充性方法。经济平台化所带来的社会和法律问题与过去工业革命引起社会转型所带来的问题非常相似；转型是一种杠杆，过去的社会体系用这种杠杆逐步建立起现在的社会模式。此处的关键是需要出现一种新的社会契约。我们希望这种新方法能帮助读者更容易发现挑战，并将注意力集中在相关参与者所扮演的重要角色上。

伊莎贝尔·道格林，克里斯多夫·德格里斯，菲利普·波谢

介 绍

在欧洲，以优步（Uber）和户户送（Deliveroo）两大领跑者为代表的平台经济的出现，正在重塑商业及其运营方式。正如在类似重组案例中经常看到的那样，这种新兴商业模式及其对经济和劳动力市场的潜在影响尚无定论。但是，作为近年来技术驱动的最关键进展之一，数字平台究竟是什么？它又将如何颠覆我们当下所知的经济社会？

在第一章中，我们将着眼于技术创新、商业（以及管理）模式转变和工作演变之间的联系。显然，在短短几页内就想一一叙述技术进步的整个历史及其对企业和就业的影响是不可能的，但我们可以利用历史上的某些观点来阐明历次工业革命背景下关于就业转型的历史争论。在论述过程中，我们认为这些历史争论与当今关于“未来的工作”“机器化的影响”“优步化”以及“数字化转型”的争论、报告、研究和会议存在某些共同之处。可以发现，商业世界对新技术的使用有一个共同特征，这一特征会让我们误以为技术对劳动力的影响是预先确定的。但实际上，真正预先确定的只是竞争环境下企业使用技术的经济用途和工业用途。这一历史视角使我们能够确定商业模式中的某些重大改变，这些改变最终催生了平台经济的出现。在一些作者看来，平台经济甚至可能会淘汰当前形式的企业。一个颇具争议的假设（不过这一假设反映了这种新型商业模式的一个共同趋势）是，这种商业模式的追随者正在退出传统企业所处的社会关系领域，将自身置于等级森严的公司和市场之间。在这样的“美丽新世界”中，以传统企业及其员工关系而形成的社会模式将何去何从？

为了在第二章中回答这个问题，我们将使用波尔多大学（波尔多大学劳工和社会保障法比较研究中心）提出的比较法律方法来研究平台经济、工作、雇佣和企业，从而得出一个完整的答案①。第二章总结了许多作者对波尔多大学劳工和社会保障法比较研究中心举办的欧洲研讨会②的贡献，并在其中描述了

① 此次欧洲研讨会由波尔多大学劳工和社会保障法比较研究中心组织于 2018 年 11 月 29—30 日举行，研讨会的主题为“平台经济：工作、就业和企业，法律视角和比较方法”（http://comptrasec.u-bordeaux.fr/）。

② 研讨会全部成果将发表在《比较劳动法律与政策杂志》第 42—43 页，（2019 年 12 月 / 2020 年 1 月）。对本书第二章做出贡献的作者如下：金特·勒施尼格、席琳·沃特坎普斯、米格尔·罗德里格斯–皮尼罗·罗约、基兰·万·丹·伯格、伊莎贝尔·道格林、希尔维娅·波雷尔、尼古拉·贡特、菲利西亚·鲁伊奥鲁、

数字平台与社会立法之间的法律冲突这一引人注目的社会形势。各个国家的冲突形式各不相同，我们的案例研究举例说明了多个国家的法律冲突情形（奥地利、比利时、法国、意大利、荷兰、罗马尼亚、西班牙、瑞士、英国和美国），展现了各国司法部门和社会组织反对这种社会渎职的努力。

首先来看奥地利，金特·勒施尼格（Günther Löschnigg）表示，与平台相关的新工作形式对传统的二元雇佣观——工人要么受雇于人要么自雇——提出了质疑。旧观点是否还适用于理解新的工作形式呢？我们是否需要开始考虑扩大现有的在家办公立法，或者调整劳务派遣立法呢？尽管有许多方法值得探索，但所有方法都要对这些新型商业模式中雇主有组织的不负责任行为做出回应，因为这些不负责任的行为已经对奥地利传统的集体劳动关系体系构成了威胁。

席琳·沃特坎普斯（Céline Wattecamps）指出，在比利时，种种争论不仅在质疑平台工作者的社会身份，还涉及这些平台作为中介的角色以及国际劳工组织条例中相关基本权利的适用。然而，比利时政府决定，在一定阈值内免除通过已获批准的平台从事服务产生的所得税。一些人表示，这相当于将传统上未

卢克·梅森、珍·菲利普·杜南和帕斯卡尔·马翁。借此机会，我衷心感谢他们做出的宝贵工作和毫无保留的奉献。

被认可的工作合法化了。工会已经提出了一些组织平台工作者的试探性举措。相比之下，明智的社会组织已经在数字领域明确了自身作用，但也因此造成了与工会的紧张关系。

2016 年，法国《埃尔霍姆里法案》（El Khomri Act）开始生效。该法案旨在明确规范平台就业形式。正如伊莎贝尔·道格林（Isabelle Daugareilh）阐述的那样，这一新的社会保障立法的基础是平台的社会责任，而不是其作为雇主的法律责任。最重要的是，它取消了平台工作者为预防工伤和职业病而购买私人商业保险的种种要求。在劳动法方面，该法案对平台工作者与自雇者一视同仁，赋予他们与雇员极为相似的集体权利。不论工人是否为自雇，结社自由是一项人权，平台工作者都可以建立自己的工会。但是，集体谈判的机会并不常有。

在意大利，谈到有关平台工作者的争论时，政治不稳定和劳动力市场困境是其明显特征。尽管有人提出了几项立法建议，但到目前为止，还没有覆盖平台工作者的国家立法框架。希尔维娅·波雷尔（Silvia Borelli）强调，地方当局和工会承诺要确保平台工作者能够享有某些社会权利，这解释了为什么迄今为止意大利对平台工作者的管理规定主要源自工人自发组织的集体行动。

尼古拉·贡特（Nicola Gundt）表示，在荷兰，当下唯一的共识即目前的劳动法不适合应对与平台工作有关的诸多挑战。在裁决有关平台工作者的案件时，法官认为需要考虑每个案件的具体情形。但这一做法无益于明确形势。因此，人们呼吁修改劳动法。但是，立法者似乎不知所措。当下，我们疑惑重重，却毫无答案。在此期间，荷兰工人迫不得已改变了团结互助基金（broodfond）的原则，以便能帮助遇到困难的工人。

再看罗马尼亚，这里的情况非常特殊：金融危机过后，罗马尼亚的社会保障体系进行了彻底改革，一同改革的还有集体争议立法。这一举措，极大地削弱了罗马尼亚的工会，也削弱了社会对话的力量。菲利西亚·鲁伊奥鲁（Felicia Roşioru）解释，平台工作者一直被立法者、劳动监察员甚至统计机构所忽视，他们得不到任何特殊保护。原则上，借助 2018 年通过的一项法律，他们可以享受远程工作者所享有的法律保护，但前提条件是要获得雇员身份。然而，平台依然把他们视为自雇者，因此他们没有任何改善工作条件的希望。

在西班牙，米格尔·罗德里格斯–皮尼罗·罗约（Miguel Rodríguez-Piñero Royo）注意到，平台工作不仅仅局限在学生或临时工人之间，而是在全国迅速发展。劳工管理局（劳工和社会保障监察员）已经记录了数起违法行为，并以妨碍社会法律为由，对优步等平台实施了制裁。在最初的行政管理阶段之后，司法争议接踵而至，法院作出的裁决数量迅速增加。然而，法律学说的发展却并未与之步调一致。虽然西班牙法律设定了“经济独立自雇者”这一社会身份，并为这些工作者提供了一定的保护，但这种改革并未阻止几起集体争议的发生。比如，户户送骑手发起建立了 RidersXDerechos 组织。传统工会也提出了自己的司法倡议。在加泰罗尼亚，一项令人关注的跨行业协议也许可以成为榜样。

在瑞士，最初的法庭裁决参考了行政法和社会保障法。与其他国家类似，从法律上讲，工人是雇员还是自雇者对其能否获取某些形式的保护起着决定性作用。然而，瑞士联邦法院尚未有机会对这一问题作出裁决。但是，即使尚未出现任何实质性的集体争议，法院已经起草了一系列与经济数字化相关的立法草案，物流行业工会与雇主组织之间的首个集体协议也已经草拟完成。或许平台可以遵循这种模式?

以英国为例，劳动法对零工经济问题的回应反映了过去几十年里该国就业政策的趋势性特征：普遍接受产业变革并不断解除对劳动力市场的管制。卢克·梅森（Luke Mason）表示，立法者反应迟钝导致法院被动员起来，发挥着它们在劳动法事务中所扮演的传统角色。这无疑避免了对平台工作的定义过于死板的问题。随着该行业业务的进一步发展，死板的定义注定会被淘汰。然而，除了司法介入，平台工作者自身和工会也需要采取行动，以便对这一进程产生影响。

同样值得一提的是，美国的特点在于其法律的不确定性。基兰·万·丹·伯格（Kieran Van den Bergh）认为，立法层次的不同妨碍了一致解决方案的实施，而且由于缺乏补救这一问题的政治意愿，短期内没有任何解决方法。这种法律斗争，也就是所谓的“集体诉讼”，并未得到一致回应。不过，优步司机们正在尽最大努力组织自身，一些地方性倡议也带来了希望。也许在不远的将来，会出现一种更易于理解的法律对策。

从这种比较方法中得出的所有困惑实际强调了问题的症结所在，即数字化转型对现行劳动和社会保障法的基础产生了根本影响。

在此，感谢杰拉德·瓦伦杜克（Gérard Valenduc）、罗纳德·詹森（Ronald Janssen）、菲利普·波谢（Philippe Pochet）和劳伦特·瓦尔特（Laurent Wartel），感谢他们对本文先前版本贡献的各种意见以及富有成效的讨论。如有任何错误，作者自愿承担全部责任。

克里斯多夫·德格里斯

目　录

技术破坏，社会渎职？

“如因立法或司法裁决，要求我们将司机列为我司雇员……我司将承担大笔额外支出用于补偿司机，其中可能包括工资和劳动工时法案所规定的相关费用……员工福利、缴纳社会保险、税款和罚款等……这样的重新分类可能会迫使我们彻底改变商业模式。”

（优步，2019 年 4 月）

“隐形发动机”

200 多年来，同样的问题一直在出现：技术创新在不断改变世界，未来的工作会是什么样子？技术变革将给工人和他们的工作带来怎样的命运？这种改变将如何转变对技能的需求：哪些技能终将被淘汰，又有哪些技能变得不可或缺？人类未来的生活将会更美好，还是更糟糕？

每一次技术变革都会导致这些问题反复出现，却没有唯一的解答。从英国第一次工业革命到今天，新发明、新制造工艺、新商业模式、新的工作组织方式、新职业和新就业形态层出不穷。随着机器人学不断进步，人工智能迅速发展，互联网和社交媒体无处不在，新兴商业模式接连涌现，“未来的工作”再次成为争论焦点。

一方面，这些争论与人机互动迈入新阶段有关。就像 19 世纪早期，工匠与蒸汽织布机进行了前所未有的艰难互动。如今，我们正在经历工人（无论是蓝领、白领还是自雇者）与人工智能和机器人的新型互动。简言之，机器最先取代了肌肉（人力），接着取代了双手（精度）。现在，机器开始取代大脑（人类推理）。白领机器人正在加入蓝领机器人大军（Baldwin，2019）。新的生活、工作方式会是什么样子？

另一方面，互联网、社交媒体、智能手机和移动应用程序的全球外联服务已经成为平台经济的巨大推动力。我们现在看到的是一个基于数字平台及其算法的商业模式，可以将这样的数字平台和算法看作驱动21世纪虚拟大工厂（开放社会基金会，2015: 11）的"隐形发动机"（Evans等，2006）。二者的类似程度令人吃惊。

这样的类比能否从历史角度帮助我们理解，在这场新的工业革命（即数字革命）中，工作与就业正在经历何种变化呢？看看早期工业化的见证者们提出的问题，简要回顾一下社会工业历史的几个关键点是个好主意。因为无法在本研究范围内厘清这个问题的种种细节，所以此处的目标不在于弄清过去几个世纪的商业历史，而是要表明这些技术的演变尤其是它们的使用所产生的管理选择及其对劳动力市场的影响存在着某些相互冲突的趋势。个中案例包括某些工人的技能培训不断升级，但其他人的技能逐渐被淘汰；人机工程学进步使工作方式更加轻松，但工作强度加大，随之而来的压力和倦怠情绪增加；（所谓的）更大的工作执行自主权，却存在失去对自己工作控制权、所有权和认同感的风险；既有笑到最后的劳动力市场赢家，也有灰心沮丧的失败者：技术进步让他们的工作惨遭淘汰（欧洲改善生活和工作条件基金会，2017）。在21世纪，算法、网络和人工智能正不断催生出新的商业模式，使这些潜在趋势在我们的工业世界变得司空见惯。

在将平台及其算法比作带动虚拟工厂的“隐形发动机”之后，我们试图找出最主要的社会挑战。这其中最无足轻重的挑战之一是“雇主”实体身份逐渐消失这一趋势。在第二章中，我们会将此处的假设与欧盟9国和美国因平台经济而引起的法律和社会发展做比较。

产业与雇佣

1. 背景简介

如果你认为第一批蒸汽机走进工厂的短短几年内就发生了英国的第一次工业革命（18 世纪末和 19 世纪初），那就太天真了。事实上，这一革命持续了几十年甚至几百年。最重要的是，这一过程曾经同样伴随着许多社会冲突和激烈讨论。

科学技术和经济学并行发展加速了工业化的进程。其一，17 世纪至 19 世纪科学技术取得了重大进步。17 世纪末和 18 世纪初，光学和力学领域（牛顿、惠更斯、菲涅尔等的研究）出现了重大发展。1752 年至 19 世纪末，科学家们（富兰克林、普利斯特列、伏打、奥斯特、瓦特、法拉第、焦耳、麦克斯韦等）逐渐揭开了电场和电磁场的秘密。

其二，启蒙运动之后，在 18 世纪末期，一门“新”学科——经济学诞生了。其中著名的思想家有著有《国富论》

（1776）的亚当·斯密，著有《政治经济学概论》（1803）的让·巴蒂斯特·萨伊，著有《政治经济学及赋税原理》（1817）的大卫·李嘉图，著有《资本论》（1867）的卡尔·马克思。他们都引入了经济分析这一新视角，并在很大程度上决定了各自国家工业革命的走向。

在殖民地成为主要产品市场这一背景下，这两项发展——科学技术和政治经济学——逐步影响了工业革命的发展。第一个重大发明出现在18世纪下半叶，第一批工业机器由此诞生，这些机器包括：纺纱机（1764—1771）、精铸生铁新工艺的发展（Pudding，1778）、纺织机（1785—1790）、蒸汽机（1790）、造纸机（1799）。这些发明不仅彻底改变了生产流程，还改变了工作地点，工业中心的逐步扩展就是证明（Sombart，1898）。然而这一切都伴随着社会动荡。

随着这些创新被应用于生产流程，新的经济学观念出现了：科学进步及由此导致的技术发明需要为经济和生产服务，这两者旨在通过机械化生产提高国家财富，通过劳动分工提升生产效率（亚当·斯密关于“大头针工厂”的描述），提高产量（萨伊定律[①]），并发展国际贸易（李嘉图的“比较优势原

① 根据该理论，供给将创造自身需求。

理”[①])。技术理论框架由此建立，对于那些竞争激烈的企业来说，危险已经过去。

2. 机器人越多，工作岗位越多

19世纪上半叶，英国纺织业的发展生动说明了工业化改变工作和社会生产关系这一过程。回顾这段历史，再结合当前机器人和人工智能的挑战，我们可以从一个有趣的社会视角来看待技术变革。蒸汽作为能源被发现[②]并导致了蒸汽织布机的发明，反过来，蒸汽织布机极大地改变了制造业、生产流程和这一行业的工作组织方式。作为一种反弹效应，这些连续的转变引发了一系列的政治辩论，辩论的主题是工人们的工作条件和他们从最初集中在工作坊到后来集中于各大工厂的地理变化。正如汤普森（Thompson）所说，“19世纪三四十年代的人们仍然惊叹于工厂制度的新奇……蒸汽机使人口集中，盖斯凯尔（Gaskell）发现工人阶级组织将其视为帝国最可憎的管理

① 1846年，《谷物法》（通过对进口商品征收关税，从而保护本国玉米生产商）的废除开启了英格兰自由贸易时代，支持自由贸易的城市生产商开始与农民甚至广大英格兰乡村展开竞争。

② 显然，以蒸汽作为能源这一发现可以追溯到更久远的时代。公元62年，亚历山大港的希罗已经发明了汽转球。然而，直到18世纪，汽转球的潜能才被人发掘。

方式[①]”（Thompson，1963）。这导致了工人集体组织的萌芽，劳动法（第一个是《工厂法》）也逐步确立（Sombart，1898）。

19 世纪初，英国下议院议员们担心蒸汽织布机进入纺织厂会使就业率下降。卢德派分子认为机器抢走了他们的工作，因此蓄意毁坏机器设备。尽管 1812 年卢德派分子的叛乱得以被镇压，但是工匠们的呼声在议会之中引起了共鸣。20 年后，英国下议院对曼彻斯特郊区的 65 家工厂进行了一项调查，考察这些工厂在 1822 年至 1832 年间技术和工作方面的变化。

调查结果显示，蒸汽织布机的数量持续上升，仅仅 10 年间就从 2000 台增加到将近 10000 台（Babbage，1833: 446）。这就是我们如今所说的技术传播。不过与卢德派分子的担心正好相反，调查还显示，该行业的总就业人数不但没有减少，反而增加了 20% 左右，从 3500 人增加到了 4200 多人。因此，这项调查似乎印证了先进自动化协会 200 多年后的今天提出的观点：与普遍观点相反，自动化将创造无数的工作岗位（“机器人越多，岗位越多”[②]），而非消灭这些岗位。

但是，事情远不止如此。这项调查还揭露了就业结构的深

① 国中之国。

② https://www.controleng.com/articles/more-robots-more-jobs-fewer-robots-fewer-jobs/.

刻转变。传统纺织工注定被淘汰（10 年内人数下降 3 倍），而“新兴”工人人数迅速增长。然而，这些“新兴”工人不再是男性工人，他们更多的是妇女和儿童，有时甚至是 9 岁以下的儿童。

3. 未来工作

这项调查显示，工业化的速度和范围间接反映了这场技术革新需要更多的投资，生产能力显著上升。1833 年，查尔斯·巴贝奇（Charles Babbage）估计，一台蒸汽机在当时可以完成三台手动机器的工作。这对人类劳动力产生了何种影响?

这个问题是当时许多政治和学术辩论的主题。例如，约翰·斯图尔特·密尔（John Stuart Mill）曾说：“值得怀疑的是，迄今为止所有的机器发明是否减轻了人们的日常劳苦。”卡尔·马克思给出了明确回答，“那不是他们的目标”（马克思，《资本论》第 15 章）。新机器彻底改变了就业结构，再也不需要经验丰富、身强体壮的工匠了。相反，工厂需要人力（或者说是“儿童劳力”）来操作机器，最好是能以最低成本完成工作的幼童。从更广泛的角度来看，马克思注意到，“因为机器解放了肌肉力量，工厂开始雇佣肌肉力量不发达的劳动者，它们需要的是那些身体发育不完全，却四肢灵巧的劳动者。因此，女工和童工成为使用机器的资本家首要追求的东西”（马克思，《资本论》第15章）[①]。

当时许多人都谈到了工作的这种转变。1844年3月，英国议会就《工厂法》草案展开了一场辩论，艾希利爵士说道：“各种机器改进的趋势都是为了用儿童和妇女的劳动取代成年男性的就业。”[②]工厂不再需要力量、经验和昂贵的专业技术，需要的仅仅是操作机器的幼童。正是这种演变催生了保护工人的新法律（《工厂法》），最初的《工厂法》被用于保护纺织业儿童，随后各行各业的普通工人也被纳入其中（Sombart，1898）。

除了工作条件，我们还面临着工作被取代的问题。带着某种蔑视，卢德派分子就是一群砸毁机器抵制进步的人，他们认为摧毁机器就能保住工作。不仅是英国的纺织业，钟表制造业（Japy[③]）、农业也遭受了工人对机器和机械化的攻击（Hobsbawm，2006）。在所有的案例中，这些事件并非有组织

① 同样参见安德鲁·尤我（Andrew Ure）（1835: 23）：“事实上，每一次机器改进都有一个恒定不变的目标和趋势，那就是完全取代人类劳动，以此减少成本，或者以妇女、儿童的劳动取代男性劳动，或者以普通劳动者取代训练有素的工人。”

② api.parliament.uk/historic-hansard/commons/1844/mar/15/hours-of-labour-in-factories#column_1088.

③ https://www.contrepoints.org/2016/03/13/240632-les-japy-lempire-horloger-des-rois-de- la-quincaillerie.

的行动，而是在某些特定情况下才出现的行为[①]。在最近的一项研究中，阿西莫格鲁和雷斯特雷波（Acemoglu and Restrepo，2018）强调，“尽管在历史书中常常提到这些工人被误导，但是他们对经济的恐惧并没有任何被误导之处。他们十分清楚自己将被取代”。

除了害怕被机器取代之外，抗议活动的矛头直指愈加贪婪的中介机构的价值囤积行为（Réverchon，2017）。在其他地方，也有类似的抗议活动，尤其是法国里昂，19 世纪 30 年代，丝织工人的起义与其说是因为引进了蒸汽机，还不如说是因为企业家不断削减工资（Rude，2007）。

工业化的另一个影响便是工作强度和工作节奏。不只是工头要求加快工作节奏，机器也设定好了运行速度，以便满足工厂主期望的投资回报率。因此，机器不是被用来帮助工匠完成工作，就像以前被打磨得完美无缺的工具那样，相反，设计机器是为了让工人操作以生产出足量的产品，让雇主在生产周期内有利可图。早在 19 世纪初，罗伯特·欧文（Robert Owen）就注意到了这些对工作的影响，“自从大量引进昂贵的机器后，

① 霍布斯鲍姆（Hobsbawm）指出，1825 年后，机械印刷机的应用并未造成机器与印刷工人的敌对。真正的罪魁祸首是酝酿之中的革命，因为这“埋下了工人们普遍退化的种子”。

人类的本性就遭到肆意扭曲”（Owen，1817）。

虽然提高生产率这一问题是重中之重，但有时在各种争论中却并没有充分考虑到这一点。对雇主来说，机器是一项重大的投资，资金往往来自信贷，而且还需要考虑分期偿还和固定收益。正如 19 世纪英国棉花生产商 Ashworth 所说：“在一个工人放下铁锹的这段时间里，他已经造成了 18 便士的资本价值损失。当我们的某个员工离开工厂时，他将造成 10 万英镑的资本损失。[①]”因此，出于经济原因，机器更能约束自己，并且会强化操作者的工作。当法律发挥作用，减少了纺织行业儿童工作时间后，生产商立刻提高了机器的运行速度，以此弥补生产的损失，维持摊销周期。机器使生产率得到了提高，又使业主可以通过降低（低技术）工人的谈判能力来降低生产价格和工资，从而提高了盈利能力。

阿西莫格鲁和雷斯特雷波（2018: 9）还注意到，在宏观经济的影响下，与自动化相对应的是生产过程中资本密集度的增加：“自动化使生产过程更加资本密集化，生产率增长速度超过了工资增长速度，最终劳动力在国民收入中的占比下降。直观地说，这是因为需要用资本替代以前由劳动力完成的任务，从而将劳动力分配到更精细的任务中。”

① 引自马克思，《资本论》，卷一，第八章（455）。

纵观19世纪和20世纪，在新技术突破的推动下，工业化从未停止：内燃机把工作坊变成了机械化的工厂。弗雷德里克·温斯洛·泰勒（Frederick Winslow Taylor，泰勒主义）和亨利·福特（Henry Ford，福特主义）等人宣扬的科学管理导致了劳动分工，造成了如今制造和执行彼此分离。在严格控制下，随着科学管理系统的引进，泰勒想要控制（工人的）行为，从而使自己能够制定一项招聘政策，用非技术工人取代熟练工甚至工会会员（Bouquin，2010）。任务被分解成许多小单位，由低技术且可替换的工人执行。就像亨利·福特所宣扬的那样："装螺丝钉的人不用上螺帽，上螺帽的人也不用把螺帽拧紧。（1922: 83）"正如亚当·斯密所述，这种劳动分工大大提高了生产率，不过代价是工人不再认同自己的工作。再也不需要经验和技术了。通过管理和凌驾一切之上的生产系统，每个动作都被专门设计、精心计算，需要做的只是执行所分配的任务（Head，2014）。

后来，机械化工厂变成自动化工厂〔Friedman，Naville，Braverman，见 Stephen Bouquin（2010）〕。乔治·弗里德曼（Georges Friedmann）在他的《剖析工作：劳动、娱乐和自动化的启示》（1961）一书中叙述了工业化对劳动力市场的新影响，最近安德鲁·芬伯格（Andrew Feenberg，2010）和蒂姆·英戈尔德（Tim Ingold，2010）也有提及。如今，工作的工业化、机械化和自动化导致了一定程度的去技能化：机械化和自动化正将曾经由人类自主完成的技能性工作转变成由机器执行的若干小型任务，其副作用之一是降低了低技术工人的谈判能力。有人把这看作一种优势，“由于被迫日复一日地专注于一项任务，工作细分的工人具有一定的灵活性”（Babbage，1833: 447），但他也失去了对整个生产过程和自身综合能力的了解。

芬伯格指出，工作的转变不仅仅是工作任务的改变。他把这称为“行为的悖论”：“当我们专门针对一个物体做出反应时，我们似乎感到没有得到任何反馈，因为我们对这个物体的影响是局部的。但是，这是幻觉，技术的幻觉。它让我们看不到技术行动的三个相互作用。这三个相互作用分别是技术的因果副作用、世界意义的改变和我们身份的转变”（Feenberg，2010）。工人和工作对象之间存在着一种相互作用[①]。利用技术，我们创造新事物，而通过创造新事物，我们创造自己。我们打造了一件家具，在制作它的过程中，我们变成了一个木匠。然而，当他所使用的机器逐步完善时，操作机器所需的技能越来

① 一些行为神经内分泌学家解释了这种大脑的相互作用，他们认为，我们的行为影响我们的大脑结构，同时我们的大脑结构也影响我们的行为（参见 Jacques Balthazart 和 ULiège 在神经系统科学研究中的例子）。

越少，这种相互作用就会消失。在“智能”和自动化生产过程中，这些技术行动、技术学习和技术创造力的相互作用是什么？

4. 技术和工作之间的矛盾

通过对工作和就业的各种直接或间接影响，技术创新的矛盾之处浮现了。一方面倾向于让工作更加轻松、高效和多产，提升工作质量；另一方面想降低生产率的相对增量，改变工作结构，加大工作强度，以及降低工作质量（去技术化和“技术剥夺”）。换句话说，通过减少部分工人的技术工作来创造更多的净就业率，但同时也意味着增加了另一些工人的工作强度。如果引用上文艾希利爵士的话来描述现代情形，那么似乎“各种机械改进的趋势”都可以分为三个不同方面：就业结构的转变导致无数赢家和输家；与新机器摊销周期紧密相关的工作强化（如今是算法操作的优化）导致工作条件恶化；在当今工作任务由机器和算法决定的背景下，通过剥夺工人们已经过时的技能和知识，使他们的技能退化。

19 世纪到 21 世纪这 200 年间，社会环境明显发生了改变（工作坊→工厂→跨国公司→公司网络→如今的平台），但是，这些趋势有一些共同之处：它们都在生产过程中推动着工人群体的边缘化，但又不至于彻底消灭工人。在历史上，这些趋势曾多次受到明显抑制，就像20世纪下半叶那样。比如，戈丹和卡茨（Goldin and Katz）2007年的一项研究表明，第二次工业革命时工人们被卷入了一场技能培训和技术进步的竞赛。在他们看来，这场竞赛的最终胜利者是20世纪的工人，竞赛的胜利让他们可以得到薪酬合理的工作。但是，很显然，并非只有技术在工业历史的每个重要阶段产生了当代作者所说的这些影响，生产过程中技术的应用方式同样发挥了作用。将提高生产力和提高盈利能力二者相比，正是后者导致上述工作条件的恶化。换句话说，技术与工作之间联系的历史反映了生产中社会关系的历史。

那么，考虑到人工智能、机器人和平台经济的全面发展，未来我们将会面临什么？我们会再次见证这种转变对就业结构、工作替代、技能退化和工作强度的影响吗？当工人与智能机器互动时，学习的相互作用会是怎样的？机器人和人工智能会改善工作条件吗？抑或是马克思的观点将再次得到印证，“那并不是他们的目的”？

在回答艾希利爵士在1844年提出的问题时，许多作者给出的答案都令人不安〔参见Richard Baldwin（2019），Antonio Casilli（2019），Martin Ford（2015），Simon Head（2014），

Jeremias Prassl（2018），David Weil（2014）等〕。这场 21 世纪新工业革命引起的经济文化地震，将彻底颠覆成千上万的工作者以及技术工人的生活。

平台经济的关键问题

根据演化经济学的观点，平台经济将我们带入了一种全新的技术经济模式（Valenduc，2018）。自 20 世纪下半叶以来，行业与工作的关系进入了一个新的决定性阶段。行业与工作的关系在第一个阶段就将工业机械化和自动化推向了高潮，在所谓的“工业化世界”中涌现了庞大的企业集团和工厂，集中了数以千万计的工人[①]。信息和通信技术的到来则触发了一场迥异而深刻的变革，工业发展从此摆脱了地理的桎梏。

1. 背景要素

几个相互关联领域的发展影响着这场商业、管理战略和就业的新变革，这些因素包括：信息和通信技术在企业运转当中

① 这里忽略了战争的作用。显然，两场世界大战在推动工业化进程中起了很大作用。很多大型工业公司之所以有今日的势力，都要归功于 20 世纪的几场战争。

扮演着核心角色、资本市场的去监管化（和越来越明显的不稳定性）。

要更好理解新技术的涌现在这场战后经济模式变革当中的重要性，我们就必须牢记一点：20 世纪五六十年代，大企业对于自身经营范围外的投资相对很少。它们只是偶尔为与其投资相关的地方市场生产产品，或者从事与外国自然资源（主要是农产品和石油）相关的经营活动。当时，能跨越国界的信息和通信技术在这些企业里还处在“极其原始的发展阶段”（Dunning，2009: 50）。

虽然信息和通信技术并不是唯一影响跨国企业追求市场、资源和生产效率的因素，但也扮演着关键角色。从 20 世纪 70 年代开始直到 80 年代，跨国企业得到了大幅发展，这并非偶然。在全新的信息和通信技术的帮助下，企业得以改革跨国经营，对其运营活动进行无缝管理、控制和协调。信息和通信技术还推动了跨国并购的爆发、合同分包的增长以及国际分工的发展（Dunning，2009: 59）。一体化研发网络的诞生也进一步推动了大企业运营的国际化（Cantwell，2009: 430）。就这样，“跨国企业展开的国际化进程，以及企业对于信息和通信技术的研发与利用，在创新资本主义的新时代中形成了相互交织的两股力量”（Cantwell，2009: 437）。

信息和通信技术的发展让企业的成长跨越国界，催生出了实力日益雄厚的跨国企业，其经营活动遍布全球，并由计算机和网络协调控制。这些跨国企业规模越来越庞大，雇佣了难以计数的员工，进而统治了整个行业。它们的部门结构分明：生产、运输、营销、创新……这些企业运营的核心是对生产过程和上述复杂职能的有机协调，而企业管理层在其中扮演着关键角色。

居于管理位置的董事会并非完全独立，它们受制于资本市场。投资者赢得了企业的管理权，迫使企业越来越注重其短期盈利能力[①]。BlackRock、Fidelity、Vanguard 等投资基金现在是这些企业的最大股东，它们手中掌握着巨大的权力。按照韦尔的描述，它们对于业绩不好的企业缺乏耐心，它们的并购和撤资行为会增加市场的不稳定性，这都是为了追求不断增加的股东价值。其代价就是企业重组、关闭等。

---

① 至于资本市场越来越重要的地位，韦尔（2014）和其他学者将企业所有权结构的变化描述为工业化的意图。虽然这些企业在不断发展，使用越来越多的机器，但它们还是需要越来越多的资本。家庭纺织作坊的积蓄不敌新的融资形式，即通过资本市场组建的工厂。这就造成了企业所有者（投资者和股东）与企业管理者（实际经营企业的人）的分离。在 20 世纪 30 年代，当时人们关心的问题是“谁将掌控企业，是管理者还是投资者”（Berle 和 Means，1933）。现在我们知道，这场竞争的最后胜利者是投资者。他们把利润率强加在企业经理们头上。如果投资者觉得经理不称职，会毫不犹豫地走马换将。

在这样的新背景下，各大企业开始重新定义自己的经营范围边界，逐步将非核心业务外包。到 20 世纪末，由市场而非管理层级协调的网络企业理论不断涌现，打造了全球价值链，并且普及了外部服务供应这一做法。合同外包、价值链、子公司协调等，这些都属于管理策略，而且都带来了同一个社会后果，即工作地点的原子化（Weil，2014）。它们正在重新设计分工制度，这次划分的是哪些工作需要在企业内部完成，哪些可以托付给市场解决。除了作为公司盈利核心的经营活动之外，其他一切运营活动都可以外包出去。与 20 世纪“大企业”模式下动辄拥有几十万名雇员的公司大相径庭，如今的公司已经成为协调控制中心，非常灵活地运用各种资源（Veltz，2017），通过劳务合同控制着遍布全世界的分包商链条、加盟店、自由职业者、众包工人和子公司生产商品和服务。“这就是亚当·斯密笔下的制针工厂，只不过放大到了全球范围（Veltz，2017）。”

从这个角度来看，工人们的身份已经不再是企业自己的技师、司机或操作员，而是来自外部的服务提供者[①]。他们在企业

① 一位来自大型跨国集团的法国工会活动家曾在 2018 年对我说：“如果一个门把手坏了，公司里没有一个人会修，我们得叫负责维保的‘设施经理’过来修这个把手。如果合同里不包含维修门把手的话，那成本可就贵了……”

范围内工作，但自身并不从属于企业，不认识自己的同事，对于工作的组织没有发言权，既不认识人力资源经理也不认识自己工作部门的主管，与工会代表互不往来，也不会边喝咖啡边与同人探讨问题。虽然他们为企业工作，但他们的身份却被边缘化。这些都会影响到工作条件，包括薪酬和职位稳定性，同时也会影响人的归属感、为特定企业工作的骄傲感，甚至是对企业的忠诚度（这是一种正在迅速消失的情感）。工人正在成为无名的杂役，代替了过去那种人人都认识、在公司走廊里擦肩而过的多面手。这些变化无不体现了工作场所的原子化。在管理决策的名义下，一名技能不熟练或者半熟练，但拥有稳定职位的工人就这样被职位不稳定、收入微薄的无名工人所替代。改变永远是单行道，这反映了人类活动在“分裂”的经济当中被边缘化。

然而在数字化浪潮推动下快速扩张的正是这种模式，其形式就是人们所熟知的平台经济。韦尔对此有过精辟描述：这是工作场所的“分裂”，这种分裂正在创造平台经济全面发展扩张所必需的环境。这种分裂正在社会中扎根，被新技术所分裂的劳动力市场以及与之相伴的管理和财务策略则成为滋养它的土壤。

2.“平台”的诞生

从技术角度来看，20 世纪 70 年代微处理器的关键性发展引发了八九十年代更具决定性的创新，那就是互联网在世纪之交呈指数级的增长——1991 年的全球互联网用户只有 500 万人，如今已达到了 40 亿人。互联网的普及加上多种其他创新，形成了熊彼特理论（1935）中所说的“集群”：网络、智能手机、平板电脑、物联网、移动应用、社交媒体等。这一新的创新集群还参与改造了商业模式与生产流程，同时创造了“新企业”。一种新的商业模式应运而生，这就是平台经济。根据科斯定理，数字平台介于“企业”和“市场”之间（Coase，1937）。无独有偶，各大平台也常常这样标榜自己：是“集市”（marketplace）而非公司。

因此，应当对这一新商业模式的涌现做细致考察。在成为经济概念（平台经济）之前，“平台”是 IT 领域常用的泛指术语，通常用来指代操作系统、网络服务或应用以及执行或开发环境。软件平台是指“一种……能够部署于多种行业、有多种用途的技术”（Evans 等，2006: 3）。埃文斯将这些数字平台比喻为推动着行业变革的“隐形发动机”。在一本著于优步和爱彼迎横空出世之前、iPhone 尚在襁褓之时的书中，埃文斯对这种基于微处理器和网络的技术做了一番描述，主要阐述了它如何能够“创造价值和利润”（Evans 等，2006）。

“平台”一词渐渐地渗透进了经济领域。平台经济可以被形容为一处虚拟的技术集会所，它让以各种形式相互需要的不同人群聚集在一起，例如，应用开发商和终端用户（最初，这是由 Windows、Linux 和 MacOS 等操作系统实现的）。这样的数字平台不生产、销售、购买任何东西。它就像是一个购物中心，提供空间让不同的用户或“参与者”（Parker 等，2016）能够遇见彼此：程序员和用户、买家和卖家、承租人和出租人、放款人和借款人、企业和工人……易于平台化的行业和企业正在持续增长。帕克的概括很有启发性：从农业到计算机操作系统，再到社交媒体、教育、能源、金融、医疗、游戏、本地服务、物流、媒体、零售、配送、交通、旅游……（Parker 等，2016）。

这种模式之所以成功，原因之一就是平台通常免费或近乎免费地供他人使用。“多边平台经济表明，企业向一个或多个群体收取非常低的费用，乃至于付钱给用户让他们使用自己的产品，这种做法是有道理的。多边商业企业也正是这样做的（Evans，2006: 59）。”这一切都要归功于无处不在的广告商，正是他们大幅降低了经济学家口中的交易成本。另外一点也同样重要，一个平台的用户越多，它对用户也就越有用。经济学家将这种现象称为“网络效应”（cf. Parker 等，2016），这种效应往往会造就垄断或寡头平台。

3. 介于企业和市场之间

在本研究中，平台经济最吸引我们的一个特点是新的“隐形发动机”，也就是在背后支撑平台经济的算法所带来的企业变革。如前文所述，罗纳德·科斯在 1937 年奠定了“企业天性”的理论基础。按照科斯的理论，在竞争环境下，企业作为供应方和购买方交汇的场所，会在其生产流程中比较交易成本，并在其中做文章。通过对交易成本的比较，企业能够决定是从市场上购买某种商品或服务，还是由自己生产。然而新的技术正在大幅降低由企业之外完成工作的交易成本。

由于降低（甚至完全消除）了交易成本，平台经济日益吸引包括传统企业在内的各类公司汇集在这些介于等级制企业和市场之间的“集市”。各大平台及其背后的算法可以成为几乎任何类型企业（服务业、零售业、休闲业、制造业等）均能轻松利用的基础设施（Kenney 和 Zysman，2016）。eBay 和阿里巴巴仅凭相对较少的投资，就成了新的全球性大集市。Upwork

成了新的全球性的“格列夫广场”[1]，是想找一点儿活干的人经常造访之处。亚马逊成了新的超市，Netflix 则是新的全球电影院，类似这样的例子还有很多。比利时邮政运营商 La Poste 推出了一款移动平台（parcify.com），通过该平台，任何在比利时驾车旅行的人都能通过顺路投递 La Poste 包裹来赚取外快，这一做法再次体现了平台模式和传统企业的融合。在荷兰，临时工中介机构 Abeos 搭建了 matchAB 平台，通过手机应用和算法来沟通临时劳动力的买卖双方。那么，这类应用会在不久的将来取代临时工中介机构吗？

上文所述的几个例子只是几千个网络平台中的一小部分，它们共同体现了经济平台化现象的扩张和增长。经济的平台化不单单是优步和户户送等几家领跑企业的事，也牵扯到几乎所有的老牌和新创企业（银行、保险公司、零售商、出租车和物流公司等），甚至是公共服务部门。各大企业正越来越多地撤出自己传统的标志性阵地，转而成为依靠廉价的“隐形发动机”赚钱的平台。而“隐形发动机”的任务就是利用算法来协调和安排其他人所从事的工作。经合组织（经济合作与发展组织，英文 Organization for Economic Co-operation and Development，简

---

① 在 12 世纪的巴黎，格列夫广场（现在的市政厅广场）曾是塞纳河船只卸货的地方。打短工的人聚集于此，希望能找到一天的活计。

称 OECD）指出，“如果企业越来越向灵活的网络靠拢，它就能越来越方便地（再）分配资源，增大或缩减规模，进入和退出包括国际市场在内的各类市场。根据具体的政策设置，这可能会影响到更加广泛的企业环境和市场动态，以及外来企业和市场所从事工作的形式”……这就引发了一个问题：“这种现象会带来哪些像再分配和社会效益政策一样更为广泛的社会问题（OECD，2019a）？”

我们正在见证商业世界的一场地震！肯尼对此打了一个比方，“我们的经济正在经历重组，平台手里的权力正越来越大，甚至可能会超越工业革命早期工厂主们手中的权力”（Kenney 和 Zysman，2016）。帕克等（2016）也说：“平台正在吞噬整个世界。”这场交易成本而非生产成本的革命是否会导致我们所熟知的公司形式——汇聚了供应方、买家和工人，有结构、有组织的等级场所——彻底消亡？平台是否会取代公司在市场上的地位？在这场分裂过后，我们是否会看到传统的工作场所被彻底颠覆？

4. 现有雇佣关系的消亡?

经济“平台化”会带来什么影响？我们已经开始在领跑企

业身上看到了端倪。作为一家公司，优步已经是世界上最大的出租车企业，2019年初其市值达1200亿美元[①]，但它自己却不曾拥有哪怕是一辆出租车，它没有为车辆保养维修花一分钱，没有雇佣司机，不为任何事故负责，也没有购买任何车辆保险。专精于网上工作的Upwork是一个为全球数百万用户提供工作机会的公司，但它本身不是雇主，也不是临时工机构，不对服务提供者和订购服务者之间的关系承担任何责任。据Upwork声称，到2026年，美国一半的劳动力都将由自由职业者构成（Upwork，2017）。Upwork等企业运营“劳动力集市”，并将自己看作经济领域的先锋[②]。

这些科技企业可以靠着规模很小的长期雇佣员工队伍和庞大的自雇服务提供者群体来维持运营，也就是说，它们实现了“不受拖累的规模”（Brynjolfsson等，2006）。从这层意义上来讲，这些企业正在颠覆劳动力市场和传统的工作场所。安东尼奥·卡西里阐述了不同形式的数字劳动（按需工作、众包工作、网络上的社会工作）是如何发展的。这些数字劳动形式都以相同流程对人类劳动加以调用、货币化和自动化。人类劳动的从

① https://www.forbes.com/sites/tomtaulli/2018/12/29/uber-ipo-what-can-we-expect/#5239573f5c1f.

② https://www.networksasia.net/article/whats-workforce-marketplace-how-work-will-get- done-future.1500606720.

事者则被他称为平台的“碎片劳动者”（Casilli，2019）。他还指出这些平台的一个普遍缺点：为平台工作的个人“得到的报酬严重不足甚至微薄，更有甚者没有报酬”。一项工作被分割成无数小任务，分配给大批在家工作的服务提供者（众包劳动的新“家庭手工业”），这些人没有任何谈判能力。在卡西里看来，亚当·斯密笔下的制针工厂现在正成为秘密的全球数字车间。

至于“家庭作坊”中劳动的报酬，上述文章作者拿Textbroker平台上的“自由职业者”做了实验。Textbroker是一家德国的网络平台，供自由职业者为不同语言的网站和网页编辑文字信息，其中一条客户要求的信息与法国政府对企业中工人代表（社会和经济理事会）制度的改革有关。这段通过平台编辑并发送给客户的文字信息共有357字，劳动者得到了4.64欧元报酬。总体来说，在供大于求的（全球）劳动力市场上，平台方能够把报酬压低，这点在很多平台上都有体现，如Clickworker、Freelancer、PeoplePerHour、Foulefactory、TaskRabbit等。

博德里和沙萨尼翁（2016）指出，“消除地理边界是众包劳动的一大特点。特定情况下，甚至可以将其形容成离岸家庭手工业”。按需工作为鲍德温所说的远程移民，即世界各地的网上劳动者、众包劳动者、自由职业者[1]（Baldwin，2019）带来了越来越多的机会。现在这些机会正对所有发展中国家开放（World Bank，2015）。不过近期的一些研究表明，工业化国家里这类劳动者的数量也开始上升（Pesole 等，2018；OECD，2019b；ILO，2018）。在这样的商业模式里，人类正在变成一项服务（Prassel，2018）。

为了提高生产率和利润而采用的科技对于就业与劳动的影响正在平台经济中重新浮现：职位和工作结构发生了变革（技术娴熟的“专业”劳动力被缺乏技术的零散工人，甚至很多情况下被业余人员所替代）；工作强度变大，这点在平台工作者身上有所体现，因为他们受到算法及其指定工作节奏的自动控制，亦即受到算法驱动的市场控制（Prassl，2018）[2]；劳动者要遵守平台关于如何完成工作任务的要求，丧失了前文所述的学习周期，议价能力遭到削弱乃至压制，这些都消除了任何有关劳动身份的表象[3]。

---

① 虽然存在一定的风险，但鲍德温还是将远程移民与居住在欧洲的工人相提并论，这也引发了很多有关社会竞争的辩论。

② 罗纳德·扬森曾指出，平台工作者事实上的“独立性”常常被夸大，这种“独立”意味着一名工作者不再受雇主要求的约束，而是听命于市场要求。

③ 对科技的利用方式所造成的影响还显现在一些出人意料的领域：非政府组织“GRAIN”亚洲区代表、研究者卡蒂尼·萨蒙指出，经济的数字化必将对发展中

5. 雇主的社会失职或缺位

在一些研究者看来，平台经济的到来意味着我们所熟知的企业形式在消亡。“如果全社会中价值交换的（交易）成本像目前这样大幅下降，那么经济实体的形式和逻辑就必然要产生变化……传统企业形式几乎必然是成本更高的形式……因此，当新科技让人们能在没有中介的情况下协调工作，那么就需要一种与以往不同的管理方式。数字透明度使得响应迅速的统筹协调成为可能。这就是优步和传统出租车服务之间的主要区别。现在，应用软件就可以做到过去经理们做的事情……互联网的出现无异于宣告了传统企业的灭亡（Kilpi，2015）。”

国家的小自耕农产生重大的文化影响，“这片市场正越来越多地接受农业部门以外的科技公司投资，例如松下和富士通，都在该地区开发了试验项目。这些项目包括出租机器设备来探测天气变化或者监测虫害，或者建设真正的‘无人农场’。我就曾到访过越南河内的一家无人农场，这家农场由日本企业富士通管理。他们把这叫作‘精细农业’，宣称能够优化所有参数（灌溉水量、虫害等）……但是很显然，这种农业不但会威胁到小农的生活条件，也会威胁他们的文化以及人与土地的关系。集约化、机械化农业已经出现了这种问题，但在这里我们看到的是没有农民的农业！这种农业里，越来越多的决策是由机器做出，所需各项参数由机器提供，会导致极端的去人类化和人与土地的彻底剥离”（来源：https://www.grain.org/en/article/6235-digitalization-of-agriculture-what-are- the-risks-for-farmers-and-populations-in-the-global-south）。

这样激进的观点自然会受到质疑，其中一位质疑者朱莉亚·托马塞蒂（2016）就指出“优步并没有宣告企业的终结”。在她看来，之所以有人会持这种观点，是被优步的宣传所迷惑了。优步不承认自己只是一家交通运输企业，而是把自己标榜为一家以科技为基础，以沟通自雇者和顾客的中介服务为主营业务的企业。如果事实果真如此，那么优步作为平台应当提供成本更加低廉的基础设施，应该做到帕克所定义的“开放和富有参与性”，允许所有人都开创属于自己的比萨配送服务（Tomassetti，2016）。但优步却选择了一个封闭的商业模式，努力让自己摆脱交通运输企业的形象。

那么，平台是否能代替企业？在争议之外，当今平台的一大特点是算法已经接替了传统企业的职能：算法统筹生产，对接供给和需求，组织、控制和评价劳动力，甚至在必要的时候切断与劳动力的联系，让他们成为“冗余”。但这样的平台化趋势是否就预示着我们的经济体系会像阿瑟·萨尔特在20世纪初所说的那样[①]“自我运转”，其功能不再基于“组织”（例如公司），而是基于“有机体”，抑或是肯尼最近所比喻的那种自我约束的“生态系统”？我们所熟知的传统等级制企业是否将仅仅是一种组织经济活动的过渡形式，一种始于18世纪，现在

① 摘自科斯（1937）。

已经消亡的组织形式?

这种说法显然言过其实。有很多例子表明平台并没有代替企业，反而是企业在不同行业融合互补的背景下开发了平台。亚马逊的例子表明，网络销售平台会支持传统物流和交通运输企业的运营。另外，亚马逊在大约 15 个国家拥有经营实体，并且雇佣了超过 50 万名“传统”雇员（Cakebread，2017；Fagot，2019）。

此外，正如托马塞蒂所言，任何一家利用互联网的实体都经常被扣上“平台”的帽子，为人们带来了很多困惑。“为什么我们更容易接受优步作为买卖双方的媒介，而餐馆就不是招待服务的买家（食客）和卖家（服务员）之间的市场媒介呢?”一家餐馆拥有自己的网站，并不会使其成为一个数字平台。托马塞蒂认为，传统企业还远远没到消亡的时候。

抛开这些具体的争论，我们要注意到一个事实，那就是这种商业模式所蕴含的新事物正有可能成为巨大的社会挑战，因为传统公司向数字平台的转型（或者融合）意味着企业家要彻底抛弃过去的雇佣关系。平台仅仅是出售服务的集市，其中并无劳动和社会保障法的立足之地。旧式企业里那种有员工代表，有工会，有集体谈判和集体协议的社会模式在平台经济中并没有遭到攻击。它只是单纯地被绕开了，人们转而选择了一种早在工业化之前就已经存在的劳动组织形式，那就是“家庭手工业”（Mokyr，2001）。比如，比利时邮政的Parcify平台就把包裹配送转变成了一门家庭手工业，其中不存在任何雇佣关系。鲍德温在亲自拿Upwork平台上的自由职业者做过实验之后，对这个“美丽新世界”做出了令人触目惊心的形容：“如果出了什么岔子，或者这项工作无利可图了，抑或我想换一个人，那么炒掉一个自由职业者这件事真是再简单不过。你只需要点击一个标着‘终止合同’的按钮就行了（Baldwin，2019）。”

从这个角度来讲，某些平台正在重新发明劳动关系，将时钟拨回到了国际劳工组织成立之前，那时没有国际劳工组织公约，也没有《费城宣言》来重申劳动力并非商品。本书第二章的比较性法律分析中对此有着重体现，届时我们将探讨企业家有组织的不负责任行为、“雇主”的缺位、集体关系的缺失、集体协议的不适用、打着反垄断原则的名义禁止价格谈判等问题。

作为比较性分析的附加成果，本书还将揭露优步和户户送两家平台的野蛮行径，它们在开展研究的10个国家里都雇佣了大批律师，专门研究如何防止社会法律渗透进平台商业模式。平台向这场战斗投入大量的精力和财力，足以表明它们决心将自己从社会法律的枷锁中“解放”出来，而这也是平台商业模式的内在特征之一。在 2019 年 4 月公布的 IPO 招股说明书当中，优步就这样提醒潜在投资者：“如果司机被认定为雇员而非独立承包商，我司业务将受到负面影响……如果立法或司法裁决，要求我们将司机列为我司雇员（或者某些地区存在的工人或准雇员身份），我司将承担大笔额外支出用于补偿司机，其中可能包括工资和劳动工时法案所规定的相关费用（如最低工资、加班工资以及就餐和休息时间要求等）、员工福利、缴纳社会保险、税款和罚款等。此外，若将司机认定为我司雇员，这样的重新分类可能会迫使我们彻底改变商业模式，并由此对我司商业和财务状况产生不利影响（Uber，2019: 28）。”这条对投资者的提醒表明，在优步的商业模式中，科技的作用是帮助公司摆脱社会关系的拖累。

很显然，对科技的使用方式并非既定。确实也有一些平台愿意把精力投入集体讨论、组织工人、员工培训等事务上。2016 年前后，数家平台愿意接纳领取薪酬的工人（雇员），并与他们签订无固定期限就业合同（如 Foodora、户户送等平台）。但是从 2016 年底到 2017 年初，这几家平台改变了自己的经营模式，现在它们只签订劳务合同，靠自雇者维持平台运营。通过这种做法，这些平台抛弃了社会关系。在通常情况下，最有利可图的科技利用方式会占据主流。令人担心的是，那些另类的合作性平台可能只会维持在自己的小环境里，而大型的资本主导平台和其背后的算法将接管其他的一切。

19 世纪和 20 世纪初，人们以为机械化会消除雇主雇佣工人的必要性。但到了 21 世纪，逐步将这一前景推向现实的却并非机器人，而是平台：虽然它们不会导致人类劳动的消失，但是却正在消除雇佣关系。它们时时刻刻都需要熟练工人，但这些工人却没有成为雇员，而是按照劳务合同工作。

“旧”经济需要一支稳定忠诚的工薪劳动力队伍来操作机械设备，而这种经济模式正在走向消亡。“新”经济以劳务合同维持“隐形发动机”的运转，绕过所有劳动法律，包括工作时间、带薪假期、工作卫生与安全等方面的法律法规。同样，现行的社会对话、集体协议和薪资谈判也消失于无形，代替它们的是买家与劳务提供者之间的商业或劳务关系，而买卖双方通过建立在算法上的平台集市汇聚在一起。这就是未来的工作形式吗？

雇佣关系的终结?

虽然各个国家的法律皆不相同，但在开展本研究的所有国家里，劳动和社会保障法律所面临的危机都是相似的。只要有大型集市类平台的地方，人们都要思考一个问题，那就是劳动者的“真实”身份究竟是什么，他们是自雇的劳务提供者还是企业雇员？对劳动者地位的判断要用到多种标准，包括经济依赖度、法律从属关系、组织工作方面的自主权等。显然，这场辩论的出现要早于优步和户户送。例如，安东马泰和希贝拉斯（2008）曾经把经济不独立的自雇者，包括劳务提供者、加盟商、销售代理、上门推销员和其他众多类似劳动者称为伪自雇者：“很多劳动者被剥夺了双重保障：他们不是雇员，不享受《劳动法》保护；他们也不是真正的自雇者，如果他们的客户众多，那么任何一个顾客取消订单所造成的影响都是有限的，但他们并不享有这层保障。”

人们可能会想，如果传统公司向数字平台转变的趋势继续扩散，那么这种具有依附性的自由职业者的不利地位可能就会成为将来经济的规则。具有启发意义的是，这个问题已经在全欧洲层面得到了重视。最近，围绕欧洲委员会的一项提案引发了很多辩论，这项提案的内容是出台一项关于“透明和可预测工作条件”的指令[①]。在这些讨论中，欧洲商业联合会（Confederation of European Business，简称 BusinessEurope）代表欧洲各国雇主声明，他们“强烈反对引入全欧盟范围内针对‘工人’的定义……对雇员和自雇者的定义是成员国自己的政治决策，必须由本国以国内法律形式做出”（BusinessEurope，2018）。同样，在“雇主”的定义问题上，他们表示“欧盟委员会还提出将‘雇主’定义为直接或间接与工人发生雇佣关系的一个或多个自然人或法人。欧洲商业联合会反对这种定义”。拒绝澄清什么是工人、什么是雇主的做法可以看作一种淡化“雇佣关系”概念的做法，而“雇佣关系”的概念则是两个世纪以来社会立法的基石。

“劳动的终结并不在明天”，杰拉德·瓦伦杜克和帕特里夏·文德拉明（2019）曾如此写道。真正值得人们担忧的，是雇佣关系被侵蚀乃至消失。在平台经济中，劳动力被视为一种几乎取之不竭、招之即来的全球资源。一些学者将其称为

① 关于欧洲议会和理事会关于欧盟“透明和可预测工作条件”指令的提案，COM（2017）797final-2017/0355（COD）。

“人类云”，其中所裹挟的不只是优步司机和户户送骑手。莎拉·奥康纳（2015）表示：“雇主正在视‘人类云’为完成工作的新途径。白领工作被分解成数百件互不相连的项目或任务，撒进由自愿劳动者组成的虚拟‘云’中。这些劳动者可能位于世界上的任何一个角落，只要能上网就能工作。”虽然著名平台的运营活动都在众目睽睽之下，但很少有人看到菲律宾和马里等国的众包劳动者们利用这些“隐形发动机”从事着编码、会计、个人助理乃至翻译等工作，他们（秘书、会计、翻译……）似乎也没有引起任何有关工作环境的争议。但这种现象所反映出的雇佣向劳务合同的转化却是相同的，正是这种转化推动人们抛弃雇佣关系，继而舍弃过去的社会模式。

在下文中，我们将着重考察开展研究国家中真实的“身份战争”，其中参与的各方包括自雇者、工人、雇员、半人身依附的劳动者、经济不独立的自雇者、“行业”等。这场“身份战争”与社会模式紧密相关，因为个人的身份就是开启社会福利大门的钥匙（Drahokoupil and Fabo，2019: 54），这扇大门通向结社自由、集体谈判、卫生医疗、带薪假期、失业救济金、养老金等。

用本书第二章一位法律专家的话说，即使雇主们有组织的不负责任行为本质上并非由科技所决定，但本章依然可以得出这样一个结论，那就是抛开经济独立的劳动者不谈，平台企业的本质应当受到质疑。人们过去常常编织了一个“没有工作的未来”（Ford，2015），但我们难道不应该开始正视“没有老板的未来”吗？

（本部分由克里斯多夫·德格里斯写作）

各国平台就业劳动立法

以下学者对本章亦有贡献：

希尔维娅·波雷尔、伊莎贝尔·道格林、珍·菲利普·杜南、尼古拉·贡特、金特·勒施尼格、帕斯卡尔·马翁、卢克·梅森、米格尔·罗德里格斯–皮尼罗·罗约、菲利西亚·鲁伊奥鲁、基兰·万·丹·伯格、席琳·沃特坎普斯

奥地利

1. 当前形势

虽然奥地利在国家层面上并没有推动任何具体的平台经济发展（主要原因是国土面积小外加语言限制[①]），但这种新的工作模式所带来的经济和社会影响正越来越多地显现出来。2016 年，赫特福德郡大学和调查机构益普索—莫里公司（Ipsos MORI）受欧洲进步研究基金会（Foundation for European Progressive Studies，FEPS）、志愿者组织 UNI Europa 以及维也纳劳工会的委托展开了一项调查[②]。该调查首次全面展示了奥地利零工经济的特点。调查发现，37% 的受访者在过去一年里曾尝试通过 Upwork、Clickworker 或 MyHammer 等共享经济平台

① 这是奥地利与相邻的德国、瑞士共有的局限性，中东欧国家的部分人口也受其影响。

② 网上调查共询问了 2003 名成年奥地利人，受访者年龄介于 18 岁到 65 岁之间。

寻找工作，但只有一半的人（18%）真正找到了工作。对于他们之中的大多数人（主要是男性），这份工作比自己日常从事的工作要好。只有 2% 的人表示这份工作将成为他们唯一的收入来源。有 5% 的人表示自己至少每周从事一次这种有报酬的工作，另外有 9% 的人每月从事一次。

这种偶然从事的工作对于大多数参与者来说并没有太大的吸引力：

（1）48% 的受访者一年里赚的钱少于 18000 欧元；

（2）43% 的受访者赚了 18000 ~ 36000 欧元；

（3）3% 的人赚了 36000 ~ 60000 欧元；

（4）另有 3% 的受访者一年赚了 60000 欧元以上。

他们的工作一般可以在家或任何地方完成。在国际网络市场工作时，可能和来自世界各个角落（印度、东欧、南北美洲）的工作者竞争。在受访者中，20% 的人主要从事服务他人工作：清洁、木工活、园艺工作等。16% 的受访者在优步、Checkrobin 或 Blablacar 等平台当司机。

这些工作所需的技能多种多样，既有“点鼠标的活儿”、简单的办公室工作，也有创意工作，以及 IT 和其他高度专业化的工作。调查发现，按需劳务的劳动者们赖以谋生的主要有以下几种工作：司机、个人服务、客户要求的办公室零活、私人家政工作等。

与人们的一般猜测相反，众包劳动者的年龄分布清晰地表明众包劳动的主力军绝不是学生。实际上，22% 的众包劳动者年龄在 18 ~ 24 岁之间，23% 的人年龄在 25 ~ 34 岁之间，23% 的人介于 35 ~ 44 岁，20% 的人介于 45 ~ 54 岁，还有 13% 的人年龄超过 55 岁，有的甚至已是 65 岁高龄。50 岁以上的“银发网络冲浪手”（中老年网民）数量之大，令人不可忽视。学生在其中所占的比例只有区区 11%。

调查最后还发现，36% 的受访者宣称自己使用过平台提供的服务①。这可以说明，平台用户和平台工作者的收入分布情况比较接近。

2. 法律环境

某些工作形式（尽管不是全部）为工作监管和劳动者保护打上了问号，同时也导致人们对劳动法本身产生了质疑。雇员和自雇者之间的传统区别已经不再适用。人们并不清楚，提出一个新的劳动者分类是否就可以解决目前对劳动者保护不到位、不恰当、不利于执行的问题。同样也难以断定，如果灵活运用

① 除了爱彼迎这类住宿服务平台。

劳动法（基本上是根据保护劳动者的需求来解释劳动法），是不是会引发法律层面的不确定性风险。

2.1 从属和依附

目前，奥地利劳动法中对于劳动者的定义有两大基本类别，判断标准取决于劳动者对雇主的从属程度以及人身和经济上的依附程度。如果没有人身依附情况，那么经济依附也足以构成某些法律条款的适用条件。这种情况指的是地位与雇员相近的个人（“类雇员”），因为他们只为同一个雇主工作且依赖这一层法律关系所带来的报酬，即便从形式上看他们从事的工作内容像是自雇者。对于这类劳动者，诸如对雇主客户造成了伤害的责任等法律规定是适用的，劳动法庭开庭前的程序也同样适用。

那么“类雇员”这个法律概念是不是也能用在平台工作者身上呢？很显然，平台工作者和平台之间是否存在经济依附关系还值得商榷。但最主要的是，我们首先要搞清楚平台是否可以作为合同一方，还是仅能作为中介机构。不论是哪种情况，都不能阻止立法者将全部或部分雇主义务施加给平台。

2.2 有关在家工作的法律

不止在奥地利，欧洲很多国家都还有另外一条路径值得探索：那就是将法律管辖范围延伸到在家工作。由于在家完成的工作一般都很简单，因此在家劳动的人可以自行决定完成工作的时间、地点和方式。因此这项工作是以独立形式完成的。然而，这其中还牵涉到经济依附问题。同样，在商品和服务的生产方面，此类劳动者甚至几乎完全没有自由，这意味着应当对他们施与劳动法同等级别的保护。在我们看来，在家工作和众包工作二者之间非常相似，因此将法律延伸到在家工作将是一条很值得探索的道路。

2.3 雇主有组织的不负责任行为

普遍来看，目前存在一个雇主责任碎片化的趋势，雇主的责任由多名个人或企业共担。与责任碎片化同时出现的，还有合同义务的逐步稀释与消失，乃至于当前意义下的雇主一词已经不再适用。劳动者们发现，自己面前是一个“无雇主的黑洞”。这绝非偶然，大多数情况下都是有意为之，目的就是绕过劳动法。这种商业模式在“有组织的不负责任行为”的世界里运行。在平台经济中，这种趋势更加明显，因为雇佣关系是匿名的，我们置身于无数陌生人构成的云中，这一点与传统的雇佣关系相去甚远。

奥地利最高法院为了解决这个问题，正在推行一套“机动”

体系，用于认定谁应当在最后一刻行使雇主的典型职能。这套体系有助于把复杂合同简化为单纯的双边雇佣合同。

2.4 劳务派遣

平台工作是否可以等同于劳务派遣？劳务派遣的欧盟指令[①]以及相应的奥地利法律中确认的这类工作形式的范围十分有限，欧盟指令将其定义为“工人与临时工作机构签订了雇佣合同或存在雇佣关系，被分配到用工单位，在用工单位的监督指导下从事临时劳动”。指令第 2 条指出，“本指令的目的是确保对劳务派遣工人的保护，确保第 5 条中确定的平等待遇原则适用于劳务派遣工人，认定临时工作机构为雇主身份，从而提高劳务派遣的工作质量，并建立一套适宜的框架，以利用劳务派遣形式创造更多的工作岗位，发展弹性化工作形式”。

奥地利法律规定了对劳务派遣工人的若干保护机制：适当的法定薪资（不得低于用人单位的最低薪资水平）；临时工作机构和用工单位承担对劳动者保护的共同责任；限制工人与用工单位关系中的责任。

理论上来说，这套模式也可以应用在平台工作上。然而，这需要一部专门法律，很可能要根据欧盟指令来立法。

① 2008/104/EC.

3. 奥地利及欧盟关于新就业形态的判例法

尽管看起来很不同寻常，但奥地利关于新就业形态的法律理论相对还较少。平台工作中谁是雇主的问题目前尚未有明确的法庭判决。鉴于每个平台都有自己的特点，因此不同案例之间的对比应当十分谨慎。

例如，对于爱彼迎，奥地利最高法院根据《住房法》判定租客为合同一方。但要将新就业形态与雇佣关系相提并论并非易事。以 eBay 来说，奥地利最高法院坚持认为卖家和竞价者之间存在直接的合同关系，因为卖家自己决定出售物品及售价。平台只是中介。

平台工作中当事人关系的本质是什么？如果要作为直接合同关系，中介（如平台）则必须被视为委托人（用户或指示人）代表，其行为代表后者。这等于把平台当作分包商。反之，如果平台只提供基础设施，那么劳动者和平台之间就不存在合同关系，而劳动者和委托人之间则存在合同关系。因此，是否存在合同关系完全取决于平台在条款与条件中如何表达自身的意图。

另外，如果存在一份框架合同且以某种形式承诺只为某单一委托人利益定期提供平台工作，那么将引发进一步的问题。短期劳务的频率可以作为判断是否存在雇佣关系的指标，这一点在奥地利最高法院对总部设在德国的跨国连锁服装零售企业 Peek & Cloppenburg 一案的判决中就有体现。大批人员在该企业从事日结工作（随叫随到），只有在公司需要劳动者时才来上班。每个工作日，企业都会与他们签订一份单独的雇佣合同。由于连续几周没有接到活儿（也就是合同），一名工人发起了投诉，想要证明自己与企业之间存在连续雇佣合同。奥地利最高法院的判决支持了这名工人的主张。然而，要想将这类法理运用到平台工作者身上，就必须假定首先存在一份雇佣合同。

4. 新就业形态与集体争议

随着平台工作的出现，劳动者相互隔离的问题也逐渐浮现，工人们没有办法集体表达自己的诉求。平台工作者无法与同事进行私人联系，就连网上论坛和社交媒体等渠道也因缺少联系方式而不易使用。从一开始，劳动者就没有多少团结的机会。

在奥地利，企业工人委员会是集体关系的重要支柱，旨在确保企业遵守劳动法。选举企业工人委员会代表的前提是在劳动者群体中存在一定程度的团结和信任。从法律角度来看，问题在于奥地利法律与企业工人委员会相关的条款均以存在雇佣合同为开展活动的前提。

不过，在如何分类劳动者问题上，法律存在着一定程度的不确定性也有其好处。Foodora（一家自行车送餐平台）在奥地利的情况就是一个例子。这家平台于 2015 年秋开始营业，公司与大部分骑手都签订了无固定期限雇佣合同，让他们对公司产生了归属感。骑手们还能享受一些福利，比如免费维修自行车。然而几个月以后，雇佣合同被终止了，Foodora 把它旗下的雇员都变成了自雇者。这就使得骑手们之间的交流越来越困难。尽管如此，一些骑手还是开始被组织起来，建立了工人委员会。Foodora 持合作态度，也表示理解与劳动者展开社会对话的好处。

几乎所有的集体协议都经由奥地利商会（Austrian Chamber of Commerce）参与谈判，这是一个按照法律组建起来的机构。所有企业均须加入奥地利商会，商会签订的集体协议适用于对应行业的所有劳动者。目前各方愿意启动行业内的薪资集体谈判，特别是针对送货骑手的薪资。商会已经签署了意向文件，并准备开启有关这一问题的对话。

另外，工会认为有必要让平台用户也参与确定劳动标准。

如同公平贸易运动一样，工会愿意通过行为准则或者良好做法标识（即便不具有法律约束性）等方式向用户提供工作条件方面的信息。如果有企业不遵守良好做法，工会就会出面斡旋。

5. 新的就业形式、工会和集体谈判

2018 年 11 月，奥地利工会联盟（OGB）提出了一种适用于奥地利的模式：使用丹麦一家清洁服务平台 Hilfr 签署的集体协议来解决“伪自雇”问题。这项集体协议规定，原本以自雇形式工作的家政人员，工作 100 小时之后即可转为雇员。在奥地利工会联盟看来，这一模式也应该适用于奥地利。无论如何，这都将成为即将到来的新一轮集体谈判中工会方面的要求。

这条要求从社会政治角度来看完全合情合理，但从劳动法角度来看，并不容易实现。其原因依然在于，劳动法要生效，就要求存在雇佣合同。以目前情况来看，就算集体谈判各方想要纳入“非雇员”（自雇者），他们也无法这样做。同样，一份集体协议也无法将自雇工作转变为工薪就业。要在集体协议中纳入自雇的平台工作者，就必须修改协议背后的法律基础。显然，在奥地利，最好不要贸然扩大集体协议范围，而是应该针对“小规模”自雇者制定能够与集体协议相提并论的新法律。

针对在家工作的劳动者、记者、广播电视工作者等的这类特别法律已经存在。

结　论

在奥地利，新工作形式下的劳动者既没有受到雇佣也不是自雇者，这对传统就业观提出了挑战。二元化的传统就业观在理解平台工作方面明显水土不服。但是，目前还无法确定是否为这类工作制定第三种就业地位就能圆满解决问题。另外两条道路似乎更值得探索，一条是将现有法律适用范围扩大到在家办公，另一条是移植有关劳务派遣的现有法律。

但不管是哪种情况，目前都亟待解决新商业模式中雇主有组织不负责任的现象。这种不负责任现象反映在平台工作者地位的混淆方面，使得奥地利传统的集体劳动关系体系无法适用于平台经济（Foodora 内部建立的工人委员会是一个有趣的例外）。毫无疑问，在不久的将来，奥地利将针对“小规模”自雇者研究制定能与集体协议相提并论的新法律。

（本部分由格拉茨大学劳动法与社会法研究所管理学教授、博士金特·勒施尼格写作，克里斯多夫·德格里斯汇编）

比利时

1. 当前形势

在比利时，平台经济还主要停留在媒体、政界和学界的讨论层面。媒体讨论的主题是“经济与劳动的‘优步化’”，政界讨论的内容是要采取何种措施来支持这一新经济形式的发展，学界则主要由劳动法专家对平台经济展开分析研究[1]。与之相对，直到目前为止，在劳动法庭的判决中还很少能看到对这一问题的探讨。实际上，目前只有一个行政主体曾就个案中雇佣关系的本质到底是工薪雇员还是自雇者做出了判决[2]。

---

① 具体而言，这是 2016 年 6 月欧洲工会研究院和欧洲工会联合会“塑造新职场：数字化和机器人化的影响”研讨会的结果。

② 我们还应注意布鲁塞尔商业法庭（Tribunal de l’entreprise francophone de Bruxelles）的裁决。该法庭虽不是劳动法庭，但其判决优步与司机之间存在从属性工作关系。

1.1 概念

数字平台能够匹配付费服务的供需双方，这一现象引起了我们的注意。

至于对数字平台促成的劳动应该如何定义①，我们现在能够确定以下四个特点：

（1）其内容是执行一项任务——而非产品的租赁或销售；

（2）存在报酬；

（3）这是一种非正规就业形式；

（4）从技术和法律角度来看，平台居于中介地位，并以多种方式在不同程度上对雇佣关系进行管理。

1.2 有哪些风险?

如果尝试采用当前社会立法中所定义的现有雇佣分类，从法律角度去理解平台工作，会引起若干问题。

其一，劳动者的社会身份是什么：他们应当适用于针对雇佣劳动者还是针对自雇者的社会保障法律?

① 类型学研究详情可参考 De Stefano V.（2016）的论文 The rise of the “just-in-time workforce”：on- demand work, crowdwork and labor protection in the “gig-economy”，载于 Comparative Labor Law & Policy Journal, 37（3）, 471-504。

其二，数字平台的中介地位：在特定情况下，是否应将平台视为劳务派遣机构或雇佣机构？[①]

其三，对劳动者最低限度的保护：是否应遵守有关工人基本权益的国际条款（特别是国际劳工组织的各项公约）？

以上问题的答案反映出围绕劳动者的处境存在着概念混淆与各类问题。因此我们需要思考如何保护劳动者，以及当前的劳动和雇佣分类标准是否有效。通过平台工作这面镜子，我们发现自己正在面对各种不稳定就业形式所带来的问题[②]。

2. 适用于新就业形态的国内法律环境

2.1 比利时社会法律的总体背景

论及法律环境，我们首先应当探究比利时法律中雇员和自雇者两种身份的本质区别，然后以此作为基础对平台工作展开

---

① 编者注：这一问题可参考 De Stefano V. and Wouters M.（2019）Should digital labour platforms be treated as private employment agencies?, Foresight Brief #07, Brussels, ETUI。

② 一本专门收录 2018 年 4 月 18 日鲁汶大学社会法研修班研讨会结论的书籍目前正在筹备：Quel droit social pour les travailleurs de plateformes? Premiers diagnostics et actualités législatives。

讨论[1]。

在平台看来，平台工作者属于自雇者。事实上，平台的商业模式就建立在这种假设之上，这一点反映在各平台的服务条款和具体款项上。不过在比利时和大多数其他国家，就算双方通过合作协议而结成了自雇性质的商业关系，但只要根据劳动方式判断双方存在从属性雇佣关系，那么双方之间的协议就会被重新认定为雇佣合同。因此，是否存在从属关系就成为决定性法律因素。

比利时法律中，判断是否存在从属关系（权力关系）的一般性标准[2]是劳动者是否能自由地自行规划工作时间和工作内容，以及是否存在上级对下级的控制。这一标准不以劳动关系双方的意志为转移。某些经济部门（建筑、安保、保洁、交通运输、农业和园林等）已经引入了一套机制，其基础就是假定存在雇佣关系。引入这套机制的根据就在于各项判断标准表明这些行业从根本上存在依附性经济关系。若劳动关系中一方提出要求，“雇佣关系仲裁行政委员会”会负责决定如何就双方

① 一般来说，在比利时，涵盖新就业形态的法律环境同时也会涉及一些其他方面，比如劳务派遣、就业机构、弹性工作和其他弹性就业合同。不过本书主要关注平台工作者的社会身份地位问题。

② 符合 2006 年 12 月 27 日通过的《计划法》（I）第 333 条关于雇佣关系性质的规定。

关系进行分类，且这项工作在劳动者入职之前就可进行。原则上，委员会的决定三年内有效，如不服委员会裁决，当事方可向劳动法庭申诉。

因此，一旦经认定确实存在从属关系，很多平台在服务条款中写明的具体条款将不会阻碍委员会或法官将劳务协议重新认定为雇佣合同。

2.2 立法者针对平台工作者采取的具体措施

近期，比利时采纳了两项针对平台经济的立法主张。第一项是 2016 年 7 月 1 日通过的《计划法》(Programme Act)，也就是所谓的《德·克罗法案》[①]，旨在通过引入专门的财务和社会管理体制，扶持平台经济的发展。该法明文规定，若纳税者的收入是通过经审批的电子平台中介促成的劳务而获得的，且由独立纳税人向第三方支付，产生收入的该劳务亦在一般工作范围之外，则该项收入可以享受税收减免，其减免的应纳税额度上限为每年 6000 欧元。从社会保障角度来看，从事该活动的人员实际上被剥夺了自雇者的社会身份。2017 年 1 月 12 日颁

① 编者注：以亚历山大·德·克罗命名。克罗是自由派副总理，也负责米歇尔政府的数字事务，这届政府是瓦隆和弗莱芒自由党、基督教民主党和弗莱芒国民党组成的联合政府。

布的皇家敕令（Royal Decree）规定了共享经济领域电子平台的审批条件。这些条件非常基础，只是用于确定平台身份的定义性标准，例如“平台由公司或非营利组织建立，该公司或非营利组织系依照欧元区成员国法律设立……其注册办公地、主要营业地址或企业/行政总部位于欧元区内”。对于审批通过的平台名单，可在联邦公共财政服务部（SPF Finances）网站上进行查询[①]。

就在近期，比利时还于2018年7月18日通过了一部有关经济复苏和提高社会凝聚力的法案。虽然该法案没有直接针对平台经济，但包含三大支柱：志愿劳动（第一支柱）、民众之间偶发的服务行为（第二支柱）以及经审批平台上的共享经济（第三支柱）。该法案并未涉及细节，总体旨在允许已具备第一或第二支柱范围内身份的任何个人每年有最多6000欧元的收入免于征税。

这条法案值得人们担忧。按照其说法，当达到条件时，劳动和社会保障法律对三大支柱来说并不适用。从意识形态角度，该法案似乎是将社会立法当成了需要绕开的限制。它所定义的活动不被看作一种职业（其隐含的前提是该类劳动者已经通过

① https://finances.belgium.be/sites/default/files/downloads/127-economie-collaborative- liste-plateformes-agreees.pdf.

其他正规工作得到了保护），尝试使其免除社会保护。

另外，比利时国务委员会坚持认为应当尊重平等原则。然而现实中却并不能确保平等，因为同一种劳动的薪资待遇可能会随税务和社会保障法律而不同，而这种差异并不一定合理。例如，志愿劳动者和工薪劳动者在业余时间从事同一种劳动，其待遇有可能会不同，但这种情形很难说是合理的。比利时国务委员会还指出，有必要检查社会立法中的例外情形是否符合欧盟和国际立法中对劳动保护的最低限度要求。

最后，同样重要的是，我们要注意以上这些措施受到了比利时全国劳动委员会（CNT）的一致否决，在这点上雇主和工会双方持相同态度。这是因为在新法律体系下存在不正当竞争和正规劳动力市场就业岗位数量下降的风险。

3. 比利时及欧盟关于新就业形态的判例法

目前，比利时劳动法庭还没有在这一领域做出任何判决。不过，雇佣关系仲裁行政委员会[①]曾于 2018 年 2 月 23 日和 3 月 9 日对户户送平台做出了两次判决。为这家平台工作的劳

① 虽然不是真正意义上的司法管辖，但其裁决也有一定效力。参考：https://www.commissionrelationstravail.belgium.be/docs/dossier-116-fr.pdf。

动者通过与平台方对话的屏幕截图提供了丰富的信息，截图的交流内容主要是公司的一般性工作活动（按照平台使用条款，骑手不应提供该信息，但对于行使骑手已有权利有所帮助）。参考这些信息，委员会做出结论，平台与劳动者之间存在雇佣合同关系。本案例中确实能够预先假设平台和劳动者之间存在涉及运输服务的雇佣合同，以下因素均无法反驳这一点：户户送内部没有财务或商业风险、劳动者对户户送的财务手段没有责任和决策权、劳动者对户户送的采购策略没有决策权等。

在工作时间安排方面，委员会注意到平台对于预定工时的安排以及在接受工时内无法工作的后果规定均十分严格。此外，委员会认为从户户送提供给候选骑手的协议内容中透露的信息来看，骑手没有自行安排工作的自由，而且存在一定程度的等级控制（精确的着装要求、服务餐厅、如何与餐厅交流、地理位置监督、平台可以临时终止劳务关系或从平台上屏蔽骑手等）。工作的自由、自行安排工作时间的自由、按自身意愿上线下线的自由等，以上这些因素让人对平台方的言辞产生了不好的印象。劳动者唯一拥有的自由就是注册登录的自由。但只要劳动者上线，他的自由就会受到严格限制。

4. 新就业形态与集体争议、工会、集体谈判

从社会学角度来看，比利时国内的争论主要集中在平台工作形式可能对人造成的异化以及隐形的本质、极端的灵活性、所宣称的劳动者的匿名性、完全不稳定的收入。此外，网上评价体系会在劳动者之间催生出预料不到的竞争，这种竞争可能导致工作时间不断延长。

从法律角度来看，“自雇”的劳动者无法接受劳动法提供的保护，所从事的工作亦不在社会保障范围之内。这就意味着最低工资、工作时间、集体代表和谈判、安全卫生预防与保护等方面的法律规定对于这类劳动者来说并不适用。这类劳动者不享受失业保险以及与工作相关的工伤事故保险，也不享受带薪假期。当他们因疾病或事故等原因无法工作时，不享受与其他劳动者相同的权益。他们没有养老金，也不享受婚假、产假和育儿假等假期，在第三方责任保险、反对歧视、数据隐私等方面也存在林林总总的问题。

我们应当注意到，在比利时，除了户户送骑手采取了集体行动之外，其他劳动者并没有采取任何行动反对这一堪称灾难性的情形。这可能是因为平台工作者的个人情况多种多样：有

些人拥有其他收入来源，有的人则没有；有的人个人境遇极不稳定，不敢发声提出任何要求，或者不知道该如何提要求。另外，决定性的因素是这些劳动者在地理上非常分散，工作时间各不相同，且在职时间往往很短（户户送骑手的平均受雇时间仅两个月），没有机会形成集体组织。这些因素都使劳动者难以组织起来。

不过值得一提的是，比利时基督教工会联盟（CSC）[①] 成员企业 CNE 快递公司已经于 2019 年 1 月开始采取实验性措施，吸纳自雇的平台工作者加入工会。

结　论

有关平台经济的争论是比利时媒体常见的话题，然而劳动法庭作出的裁决却体现得并不多。不过，平台经济这种新商业模式还是引起了社会上的很多质疑，主要的质疑对象就是平台所坚持的“中立”中介的定位。质疑的内容有平台工作者的社会身份、专门针对某些劳动者（如劳务派遣工人、家政工人等）的保障方案的实施情况、有关“工人”最低或基本社会权益的

① 编者注：比利时工会运动由三大组织构成：基督教工会联盟（CSC）、比利时社会主义工会联盟（FGTB）和比利时自由党工会联盟（CGSLB）。

国际和欧盟文本的落实情况等。目前，平台工作者被认为属于自雇者。在劳动者（再）分类问题上，雇佣关系中是否存在法律从属关系是决定性因素，然而目前在个案判断雇佣关系属于工薪员工还是自雇员工问题上，只有一个行政主体做出了相应判决。除此之外，比利时中右翼政府（2014—2018）的态度偏向于推动数字平台发展，并通过《德·克罗法案》和经济振兴法采取了一系列措施，旨在为通过批准的平台或个人之间（须符合一定条件）进行的劳务而产生的收入设定每年 6000 欧元的额度，在该额度内可减免税款和免缴社会保险，这无异于将未申报的工作合法化。对此，户户送骑手们已经采取了集体行动。虽然比利时的工会高度发达，但主要的工会目前似乎还没有清晰的策略来组织这些劳动者，只有少许零星的行动方案。造成这种局面的部分原因无疑是比利时 SMart 合作组织的存在。该组织过去几年里将自己的工作重点定位在数字领域，和传统行业工会存在一定的紧张关系。

SMart：比利时的特色组织

在关于平台工作者的辩论中，人们常常提及比利时的一大特色，那就是 SMart（Société Mutuelle des Artistes，艺术工作者联合会）。这是一个具有合作社性质的组织，该组织致力于为自雇者提供保护，越来越多的平台工作者正进入自雇者阵营。SMart成立于20世纪90年代末。当时，艺术工作者们在管理自身雇佣身份和活动方面遇到了困难，SMart由此应运而生。该组织的宗旨是提供解决方案，让临时工作者也能受益于一套法律框架，以确保获得更高水平的社会保障。目前SMart已在8个欧洲国家开展活动，并根据数字平台特别是送货上门平台（Take-Eat-Easy、户户送、优步外卖等）所产生的新情况而对自身提供的服务进行调整。

在该组织的帮助下，自由职业者能摆脱耗时而又复杂的行政手续。在不影响对自雇者社会保护的前提下，该组织还针对受众的需求提供定制化服务，为应对风险而建立后备机制。今天，“这些劳动者在传统企业内工作，在共享企业内发展自己的事业。他们中有记者、教练、手工艺者、网络管理人员、快递员、咨询师、城市农民……他们以SMart雇员的身份从事自己的事业，没有作为自雇者的种种风险”。SMart组织的目标是成为欧洲最大的劳动者合作组织。

然而SMart与比利时各大工会的关系却并不和谐。在SMart看来，传统工会没有能够针对新就业形态和数字经济催生的工作调整自己的组织与服务。一言以蔽之，这些工会都过时了。而在工会看来，当前的风险在于SMart的所作所为无异于让灰色地带的工作合法化，扶持了临时性、收入微薄、没有严格定义身份、缺乏稳定职业生涯的自由职业工作，用这类工作代替了稳定且薪酬体面的传统工作。总而言之，双方之间紧张关系的根源在于对劳动力市场的看法大相径庭。在工会看来，劳动者身份只有两种，要么是雇员，要么是自雇者。在 SMart 看来，劳动者可以存在第三种身份，介于传统雇员和“真正”的自由职业者之间。

（本部分由天主教鲁汶大学社会法研究室法律、企业和社会跨学科研究中心博士助理席琳·沃特坎普斯写作，克里斯多夫·德格里斯汇编）

法　国

1. 引言

法国公共当局没有料到平台经济发展如此迅猛，因而在2016年8月8日出台了《埃尔霍姆里法案》（El Khomri Act）。法国因此成为首个专门立法规范平台就业的国家，虽然实际上它对于平台经济的研究还未形成稳定结论。尽管如此，这些适用于平台工作者的法律条文为劳动和社会保障立法带来了全新的变化。在社会保障方面，新法律以组织（也就是平台）的社会责任而非雇主的法定责任为基础，尤其颠覆了由商业保险理赔工伤事故和职业疾病的观念。以前，人们在这类案例中一般会扩大劳动法的适用范围。但《埃尔霍姆里法案》将平台工作者放在了与自雇者同等的地位，并首次明确了其享有与雇员相似的集体权益。这可以被视为向着部分法国学者所支持的通用劳动法迈出了第一步[①]。公共讨论中几乎没有人注意到，新法案是由众多不同的因素促成的，包括法律环境对“优步化”的影响范围（针对优步模式的法律法规尚未完全稳定）以及对待“优步化”劳动者的集体权益。

2. 针对“优步化”的法律环境引发的不确定性

在对待平台工作问题上，法国立法者们突破了不断扩大劳动法范围的传统。尽管如此，法国最高法院似乎反对基于事实的法律资格这一观点，也就是说，目前为止一审法院倾向于反对雇佣关系的重新分类，但最高法院对重新分类表示赞成。

2.1 对不断扩大劳动法范围的做法给予致命一击

2.1.1 扩大劳动法的范围

从历史角度看，法国的劳动法一直是二元化的，即劳动者要么是雇员，要么不是雇员。与其他国家（德国、意大利、西班牙）相比，法国立法机构从未设立过一个介于雇员和自雇者

---

① 参见 Barthélémy J. and Cette G.（2017）Travailler au XXIe siècle: l’ubérisation de l’économie ?, Paris, Odile Jacob.

之间的劳动者分类[①]。《埃尔霍姆里法案》可以被看作一种尝试，其目的是创造第三种劳动者身份，但不正式对之进行命名。

法国劳动法 L.1221-1 ff 条款对于雇佣合同方面的规定甚少，仅说明雇佣合同受民法条款规范，其形式可以由缔约方决定。法国目前对于雇佣合同尚无法律定义，但法学界对其做出的描述为：雇佣合同假定一人承诺为了获取报酬，愿意为他人工作并处于从属地位。1996 年 11 月 13 日，法国最高法院做出了一项标志性判决，确定从属关系因素为判断雇佣合同的主要标准，参与有组织劳务是从属性关系存在的判断指标，当合同一方单方面定义工作条件时，可以参照这一指标做出判断[②]。另外，法国劳动法是一种公共立法，单凭缔约方的意愿不足以将雇员排除在由从事工作的条件所产生的社会身份之外，因此法官在具体案件中可以无视缔约方意愿，对劳动者身份类别做出更改。

若从事工作的条件不完全符合从属性关系的特征，法国立法机关过去的普遍做法是延伸劳动法的适用范围，在法律上假定存在雇佣合同或者工薪劳动者身份。这种做法直到 20 世纪

① Despite the report of Antonmattei P.H. and Sciberras J.C.（2008）Le travailleur économiquement dépendant: quelle protection ?, Report to the Minister of Labour, Social Affairs, Families and Solidarity.

② Soc. 13/11/1996, Droit social（1996）, p.1067, note J.J. Dupeyroux.

70 年代都大行其道，并且成为法国劳动法第七章的基础，该章节中涵盖了数量极多的职业[①]。相对于通过从属关系来判断的传统方法，其中很多职业其实更接近于自雇劳动，以至于立法者不得不收紧对雇佣合同关系的简单预设[②]。2010 年以后，法国劳动法的范围又出现了新变化，纳入了新的劳动者类型。这些劳动者自主工作，但不接受自由职业者这一身份，相反他们寻求公共当局的支持，以期享受为雇员提供的各种保护。法国 2014 年 7 月 31 日颁布的法案确立了工薪企业家（salaried entrepreneurs）概念，他们在企业和劳动合作社中被看作具有合伙人身份。法国 2016 年 8 月 8 日通过的法案则将其确定为伞型公司（umbrella company）。

2.1.2 劳动法适用范围的进退与第三种身份的出现

法国 1994 年出台的《麦德林法案》（Madelin Act）和 2014 年的《皮内尔法案》（Pinel Act）背后的法律假设是法国劳动法中 L.8221-6-I 和 L.8221-6 条款规定的自雇工作。但是《埃尔霍姆里法案》并没有承袭上述法案。虽然该法案专门针对自雇的平台工作者，但并未确立类似的法律假设。

---

① 专业记者、表演艺术家、广告和时尚从业者，前台职员和物业管理员、家政员工，上门推销员、门店经理。

② 举例来说，表演艺术家群体就是这样的情况（受法国劳动法 L.7121-4 条款管辖）。

自2014年6月18日的法案颁布以来，法国的平台工作者获得了微型企业家身份[①]。该法案建立了一种简化的税务和社会保障管理制度，专门针对自己创业且具有创业精神的劳动者以及在普通工薪工作之外从事自雇劳动的工作者。与此同时，该法案还允许微型企业家以公司或者贸易身份注册，除非另有证据，否则将假设他们不是雇佣合同中的当事人[②]。微型企业家代表自身从事商业活动，在公司或服务合同背景中是完全自治的自然人。

自2016年法案颁布以来，自雇平台工作者被纳入了法国劳动法第七章的适用范围。法国劳动法第七章涵盖了多种劳动者身份，这些劳动者的共同点在于他们从事的工作与普通工薪工作有很大区别。2016年，立法者本可以通过类比方式将雇佣合同或工薪就业的法律假设推广到平台工作者身上，从而更好地反映现实情况。如果这样做，就能够让微型企业家免于按照《麦德林法案》和《皮内尔法案》的规定证明存在从属性劳动关系。例如，一般法律假设微型企业家能够从非工薪工作关系中获益。但如果有证据显示他们直接或通过第三方向合同缔约方

① 代替2008年《经济现代化法案》中引入的“自行创业者”身份。

② Soc. 6 May 2015, Dalloz, p.807, obs. P.Lokiec and J. Porta; Soc. 20 October 2015, Dalloz, 2016, p.807, obs. P.Lokiec and J.Porta.

提供了劳务，且合同条件将他们置于永久性的从属法律关系之中，那么上述法律假设自然就不成立[①]。这一点是平台工作者分类问题争议的核心。他们以微型企业家这一身份从事自己的工作，这并非出于个人选择，而是平台所强加的。平台商业模式的基础就是将劳动风险外包，这会引发他们是否可以自由从事商业活动的疑问。

2.2 关于平台使用自雇劳动的诉讼

2.2.1 法国最高法院放出的风声

2018 年 11 月 28 日，法国最高法院社会法庭作出了一项判决，这也是法国高等法院首次就平台工作者事宜作出判决。该判决参考了法国劳动法 L.8221-6 II 条款。法国最高法院对雇佣关系分类作出的这项裁决遵从了传统。法官指出了两个主要事实：第一，劳动关系的存在既不取决于各方表达出来的意愿，也不取决于所达成协议的名称，这是由劳动法的公共属性所决定的；第二，所从事工作的实际状况优先于其他任何因素。初审法官采纳了上述意见。当初审法官裁决的法律后果尚未显现时，只有最高法院法官能推翻他们的判决。如果实际工作情况表明该项工作系在雇主的权威之下执行，雇主有权命令和指导

① Soc. 7 July 2016, no. 15-16 110 P, *Dalloz Actualité*, 7/9/2016, obs. Cotrot.

劳动者，也能监督工作的执行情况，并在必要时处罚其错误行为，则应认为他们之间存在从属性雇佣关系。此时，将协议性质重新认定为雇佣合同就是合理的[①]。此处案例中，应用软件内包含了一套地理位置系统，让公司能够在网上追踪配送员并记录配送员的行驶距离；此外，Take Eat Easy 公司还掌握着处罚配送员的权力。这份由法国最高法院于 2018 年作出的判决有望对平台工作者们提交的数起未决案件产生巨大影响[②]。

尽管重新认定劳动关系性质的背后有法理支撑，平台工作者的法律身份仍然可能受制于平台规则。如果平台规定只与具有微型企业家身份的自由职业者合作，这就意味着立法者不会强行做出雇佣合同的法律假设，与平台所坚持的商业模式唱反调。但问题是，平台工作者身为自雇者，其集体权益能否得到认可，毕竟平台工作者至少是经济上存在依赖性的自雇者。另外，平台工作者由于不得不接受微型企业家身份而面对经济与社会“困难”时，立法者是否完全知晓平台工作者其实处于完全受平台支配的境地，只有伸张集体权益才能改善其处境。

---

① 这些都是从属性法律关系的独有要素，并在上文提到的 1996 年法国最高法院所作出的标志性判决中被明确。

② Fabre A.（2018）Les travailleurs des plateformes sont-ils des salariés ? Premières réponses frileuses des juges français, Droit social, 6, 547-558.

2.2.2　增强自雇者身份的立法尝试

2016 年，法国立法者发现可以用企业社会责任这一理念，保证平台得以延续使用自雇劳动者的商业模式，同时以此换取平台承认劳动者的个人和集体权益。这一做法的目的是要避免滥用，也减少因重新认定雇佣关系性质而产生的法律纠纷。在 2018 年有关职业未来的《塔谢修正案》(Taché amendment) 法律草案中，立法者希望能够收紧 2016 年出台的法律条文的适用范围，意在让数字平台能够自己制定章程，以践行企业社会责任的方式与合作的自雇者设定合同条款和工作条件，“确立章程和尊重平台所做的承诺，并不意味着将其作为平台和劳动者之间存在法律从属关系的特征”。法国宪法法院在 2018 年 9 月 4 日的判决中否决了这份草案，理由是该草案违反法国《宪法》第 45 条的规定，不允许在法律草案中加入与主题（本案中为“骑手”）关系不大的条款。虽然该草案因违宪而被判无效，但令人担心的是，《塔谢修正案》很快可能会以别的形式卷土重来。平台工作者的集体权益目前在法国尚得不到法律承认，那么国际法律是否能支持这项权益的合法性呢？

3. 法国对平台工作者集体权益的法律承认

欧盟立法常常为平台工作者是否适用集体权益的争论火上浇油，国际法则相反，严肃地认可了平台工作者的这项权益。

3.1 法国立法者的无畏

3.1.1 法国立法者眼中的平台工作者集体权益

劳动者的三大集体权利是结社自由和集体谈判权、集体行动权，主要由工薪劳动者享有。2016 年的《埃尔霍姆里法案》将这些权利延伸到平台工作者身上。该法案规定："劳动者组织为了捍卫自身职业权利而采取的以集体拒绝提供劳务为目标的行动，除非存在权利滥用的情况，均不得因此引用合同责任条款，不得将其作为解除劳动者与平台之间业务关系的依据，也不得将其作为对劳动者从事工作进行惩罚的依据。"[①] 如果一名劳动者所供职的平台有权决定"劳动者所提供劳务或所出售货物的性质，并有权为之定价"[②]，那么就适用上述这条规定。条文明确承认劳动者（在此处为微型企业家）丧失了企业家的权

---

① 法国劳动法 L.7342-5 条款。

② 法国劳动法 L.7342-1 条款。

力，也就是说他们没有定价权和决定劳务条件条款的权力。在这里我们能看到一个未被言明的事实，它与涉及伪自雇的法律规定正好相反。所有工作条件，包括报酬支付方式和具体金额，全由平台单方制定。

就算法律规定看起来涉及很广，但是这类集体权利看起来仍然与罢工十分相似①，是“为了捍卫职业权利，集体进行的停止工作的活动”②。罢工权是法国《宪法》赋予所有劳动者的个人权利，不论劳动者身份为何，均享有这项权利。多年以前，法国法律承认公务员（具有特殊的非工薪身份）也享有罢工权。在这之后，卡车司机、律师、私人医生等自雇劳动者也都行使过罢工权。但这是法国立法机关首次承认特定类型的自雇劳动者享有集体权利③，保护他们免受可能导致合同关系终止或收入减少的涉及法律责任的诉讼。该法律条文还抛出了几个平台工作者的分类问题，此外，还涉及如何界定停工（如何判断与平台断开连接是否构成集体停工所导致的合同不履行）以及

① 参见 Masson F.（2017）Un droit de grève en droit des contrats ? À propos des “mouvements de refus concerté” de fournir des services à une plateforme numérique, Droit social, 10, 861-865.

② Soc. 4 November 1992, no. 90-41 899, Bull.civ. V. n° 529.

③ 参见 Supiot A.（2001）Revisiter les droits d’action collective, Droit social, 7-8, 687-705.

平台如何应对（如何区分平台断开劳动者的连接以及为了回应集体停工而单方面终止合同的行为，如何区分对配送员分配订单条件的修改与集体停工后平台所采取的处罚措施）的问题。

集体行动的一种形式是工人们相互配合，拒绝为一家公司从事合同规定的工作，其风险在于可能会被视为一种横向协议，而这种横向协议受竞争法管辖，其相关法律依据为《商业法》L.420-1 条款。不论是劳动者自己还是他们的客户采取这类行动（上文提到的纠纷就是由客户采取的行动），任何拒绝履行合同规定工作的目的都是将一家公司排除在市场之外[①]。然而，当行动的主要动力是向公司施压，迫使其更改薪酬政策时，情况似乎并非如此。法国的平台工作者曾经采取过集体行动来反对平台改变报酬形式乃至降低劳务价格的决策。例如，这些工人们曾反对将时薪制改为计件薪酬（也就是按件计酬）。另外，在全欧洲范围，尽管欧洲联盟法院认定存在直接和横向的影响，但如果对微型企业家型工人的利益造成了损害，《欧盟运行条约》（Treaty on the Functioning of the European Union，简称 TFEU）第 56 条规定的禁止限制提供劳务自由并没有正当性，因为这种横向影响与个人无关。法国法律规定，集体停工

① Com. 22 October 2002，Bull.civ. IV，n° 148; *Dalloz*, 2003，p.63, obs E.Chevrier.

的权利属于个人权利。欧洲主要城市爆发的当地集体行动带来了另一个领域的新发展——劳动者合作组织的诞生。有时，工会统摄着这些组织。

这也是《埃尔霍姆里法案》赋予平台工作者的第二项集体权利。根据法国劳动法 L.7342-6 条款，“L.7341-1 条款中提到的劳动者有权设立和加入工会，以此维护自身集体利益”。是否真的有必要赋予自雇者结社自由呢？法国《宪法》在前言中明确指出，结社自由（不论积极的还是消极的）是一项人人都有的权利，它不受限制。这项权利还受到欧盟《基本权利宪章》《欧盟人权公约》、国际劳工组织各项公约以及《公民权利和政治权利国际公约》的保护。换言之，结社自由是一项人权，其地位高于劳动者权利。不论一名劳动者是否自雇，都拥有结社自由。在法国劳动法中具体列明这项权利，仅仅是为了明确该法律允许哪些行为。此外，这也存在很多争议，具体情况下文将会详述。平台工作者早已建立了多家工会，比如波尔多自行车配送员工会是一个隶属法国总工会交通联合会的地方性工会组织，自从 2018 年成立组织以后就定期在欧洲范围内召开会议。2018 年 4 月，德国服务行业工会（ver.di）中来自 Foodora 的会员在维也纳提出了首个倡议，该倡议条文也为平台工作者和主要面向正规雇员的工会之间的“和解”（rapprochements）

提供了一种不无裨益的视角。

虽然平台工作者的结社自由从法律角度来看不存在任何问题，但对这项自由的实践却有待商榷。例如，在何种条件下可以让“平台工作者伸张自己的集体利益”？虽然立法机关在这个问题上所言甚少，但其发表的言论暗示劳动者可以依靠多种方法，也可以就集体协议展开谈判。这并不是法国自由职业者第一次依赖集体谈判这一方法。例如，法国 1996 年 4 月 16 日达成的一项协议确定了保险经纪人的身份地位[①]，明确了其工作条件、报酬、员工就业及社会保障等问题。

就集体协议展开的谈判能够确保各方势力保持平衡。个体劳动者与平台之间签订的个人雇佣合同和劳务合同均不具备这种平衡。众多文献，特别是有关平台工作者提起诉讼背景下工作条件的声明都显示平台方设定的管理规则中存在着巨大的不平等或依赖关系，以至于重建权力平衡的唯一办法只能是就工作条件展开集体谈判，在商业关系中更是如此。在法国，结成工会的平台工作者曾试图与优步展开集体谈判，但是后者拒绝继续对话，并特别指出谈判代表不能代表广大司机。

---

① 参见 Barthélémy J.（1997）Une convention collective de travailleurs indépendants? Réflexions à propos des accords du 16 avril 1996 fixant le statut des agents généraux d’assurance, Droit social, 1, 40-47.

在新的“非典型”劳动者和自雇劳动者队伍不断壮大的背景下，工会行动领域依然局限于自由职业者的几个传统行业，例如，法国的新闻和表演艺术行业。最近，不稳定就业劳动者或自由职业者的工会开始崭露头角。我们要强调一点，那就是组织身份各异、相对独立、地理位置分散且流动性很强的劳动者是一件非常困难的工作。但是工会组织也有多种道路选择，例如扩大集体谈判范围、把现有劳动者的工作条件纳入既有的集体协议（如纳入交通部门中）中，开展法律行动或新的组织形式。

3.1.2 欧盟立法

按照欧盟法律，经济自由是竞争法的核心，受到严格保护，欧洲联盟法院的法官们将集体协议视为对竞争的限制因素，只有在集体协议追求社会政策目标时才将其排除在商业协议禁令之外[①]。自由竞争受到《欧盟运行条约》的保护。例如，劳动者抱团乍看起来是对落实竞争法的阻碍，仅应在追求合法的社会目标时才允许存在[②]。工会在自身宗旨范围内为了保护雇

① ECJ Albany International, case C-67/96 of 21 September 1999, point 60.

② 参见 Dupeyroux J.J.（1990）Les exigences de la solidarité: observations sur la désignation d’une institution déterminée pour la gestion d’un régime complémentaire de prévoyance, Droit social, 11, 741-750 ; Lyon-Caen G.（1992）L’ infiltration du droit du travail par le droit de la concurrence, Droit ouvrier, 525, 313-321.

员而采取的行动并未被排除在禁令范围之外[①]。无疑，这就是法国立法机关在 2016 年力图维护的立场。欧洲联盟法院的判决记录表明，与欧盟法律之间潜在的冲突最终可以得到圆满解决，前提是平台工作者的真实工作条件真正符合自雇者身份。

法律体系对于反竞争协议即集体协议的认识已有了长足进展。在 1999 年的奥尔巴尼判决中，欧洲联盟法院[②]裁定某些集体协议应当“根据本质和意图”被排除在针对阻碍、限制或扭曲竞争的协议禁令（根据《欧盟运行条约》第 85 条第 1 款）范围之外。在法院看来，“如果管理层和劳工在谋求采取共同措施改善劳动和就业条件过程中受到《欧盟运行条约》第 85 条第 1 款的管制，那么这类协议对其社会政策目标的追求将受到严重阻碍”[③]。但在 2014 年 12 月 4 日对荷兰工会联合会的判决中，欧洲联盟法院裁定“集体劳动协议中的条文，例如诉讼中所涉条文，只要是由雇员组织以作为其成员的自雇劳务提供者的名义并代表后者而达成的，则无法构成雇主和雇员之间集体

① Lyon-Caen G.（2000）Vieilles lunes et nouvelle lune: action syndicale et accords collectifs sous l’ éclairage du droit de la concurrence, Droit ouvrier, 620, 143-149（obs. p.145 sous CA Paris 29 February 2000）.

② ECJ Albany International, case C-67/96 of 21 September 1999, Droit social（2000）note X. Pretot, p. 106. Revue de droit sanitaire et social（2000）F. Muller, p. 212. J.B. Blaise, chronique, RTDE（2000）, p. 335.

③ ECJ Albany International, case C-67/96 of 21 September 1999.

谈判的成果，就其本质而言不应被排除在《欧盟运行条约》第101条第1款的管辖范围之外”[①]。荷兰工会联合会的这起案件值得探讨，因为它涉及通过谈判为组织成员且从事能力范围内同种工作的雇员和自雇劳务提供者争取利益这一专业行为：案件中涉及的集体劳务协议不但帮助以雇员身份受雇的候补人员确定了最低工资，也为通过专业劳务合同从事工作的候补人员（自雇者）确定了最低工资水平。在这一案件中，工会代表自雇者参与了谈判。这条判决是否终结了被认为属自雇范畴的平台工作者享有集体谈判权的法律前景?

在这条判决中，欧洲联盟法院首次明确：国内法将劳动者归类为自雇者并不妨碍欧盟法律对其身份的重新分类。在其看来，有若干因素可以用于判断对象身份是劳务提供者还是雇员。例如，如果劳务提供者个人决定自己在市场上如何表现，不完全依赖于合同甲方，承担与自身工作相伴的经济和商业风险，并且不以辅助工人的身份在相关公司内工作，那么可以认为这名劳务提供者属于自雇[②]。欧洲联盟法院还表示，“在欧盟法律中‘雇员’一词本身必须根据雇佣关系所特有的客观标准来定义，要考虑到相关人员的权利和责任”……并且“雇佣关系的

① CJEU FNV vs Netherlands, case C-413/13 of 4 December 2014, § 30.

② CJEU FNV, § 33.

根本特征是在一定时间内，个人在他人指挥下为后者从事劳务，以换取报酬”[①]。换言之，在欧盟的法律概念里，无论自雇者与签约甲方所签合同的法律性质如何，只有当二者不存在法律意义上的从属关系时[②]，自雇劳动者才会被认定为自雇人员。而这一结论（本案中为平台对出租车司机的严格控制）促使欧洲联盟法院在 2017 年 12 月 20 日对 Elite Taxi 一案的判决中认定平台实际上是一家运输公司。在欧洲联盟法院看来，优步并非 IT 服务公司：“公司对个体司机施加了严格控制，这表明公司提供的不只是中介服务……”[③] 同样也是这些描述从属性法律关系的要素，让法国最高法院社会法庭在 2018 年 11 月 28 日的判决中认定 Take Eat Easy 的送餐骑手属于雇员，因而是伪自雇者。

这些判决，包括对荷兰工会联合会作出的裁定，让我们把

① CJEU FNV, § 34.

② CJEU FNV, § 37.同理，见 CJEU 26 March 2015, case 316/13 Dalloz, 2015, p.808; Robin-Olivier S.（2015）Politique sociale de l’Union européenne, Revue trimestrielle de droit européen, 51（2）, 443（“Une convention collective fixant le prix des prestations de travailleurs indépendants n’est pas nécessairement soumise au droit de la concurrence”）.

③ CJEU 大法庭，2017 年 12 月 20 日，案件号 C-434/15，Asosiacion Profesional Elite Taxi 诉 Uber Systems Spain。 Douville T.（2018）Arrêt Uber ou l’art délicat de la qualification, CJUE, 20 déc. 2017, La Semaine juridique - Entreprise et affaires, 10（8 mars）, 1111 ; Balat N.（2018）Les apports des arrêts “Uber Pop” au droit des transports, Recueil Dalloz, 17, 934-938.

目光投向了判断相关人员是否为自雇者的那些明显事实之外的因素。尽管事实明显，法国立法者也有相关意见，但在国内法中平台工作者不一定就是自雇者，这点与欧盟法律是相同的。例如，由劳动者组织签订的协议可能不会进入欧盟竞争法的管辖范围。在商业法领域，欧洲联盟法院对优步诉 Elite Taxi 一案的判决结果表明，在欧盟法院看来，骑手依赖于平台，因而后者在性质上属于运输公司。我们还要再进一步推断，这种依赖性影响了工会或其他集体代表组织就集体劳动协议展开集体谈判行为的本质和意义，使其免受《欧盟运行条约》第 101 条的约束。

3.2 国际劳动法支持平台工作者的集体权利

3.2.1 欧洲委员会赋予的权利

1950 年签订的《欧洲人权公约》第 11 条指出，“任何人都享有和平集会的自由和与他人结社的自由，也享有组建和加入工会以保护自身利益的权利”。第 11 条进一步指出，“除非是依照法律且在民主社会中为维护国家安全或公共安全，预防动乱或犯罪，保护公共健康道德以及保护其他人的权利和自由，否则不得限制任何人行使上述各项权利”。在对德米尔和巴伊卡拉一案的判决中，欧洲人权法院认为，参考国际法的发展和各缔约国的做法，“与雇主展开集体谈判的权利已经在原则上成了组建和加入工会以保护自身利益这项权利所不可或缺的要素”[①]。

2018年12月12日[②]，欧洲社会权利委员会（European Committee of Social Rights，简称ECSR）对自雇者能否签订集体协议作出了裁定。该案的原告为爱尔兰工会代表大会。该组织宣称，爱尔兰政府的市场竞争主管部门之前做出决定不允许某些类型的自雇者（包括自由职业记者、配音演员和部分音乐家）参加集体谈判，违反了爱尔兰按照《欧洲联盟基本权利宪章》第6条所赋予的保护劳动者权利的义务。这也是欧洲社会权利委员会第一次遇到自雇者问题。在委员会看来，《欧洲联盟基本权利宪章》没有明确其条文是否适用于自雇者，但其中有一个例外。委员会认为“公然禁止所有自雇者参加集体谈判是一种过分的做法，与《欧洲联盟基本权利宪章》第6条第2款的宗旨和精神背道而驰”。委员会还指出：“由于自雇者以个人身份谈判时对于合同条件没有实质性影响力，因此必须获得集体谈判权。”委员会坚持“禁令超过了必要限度，因此在民主社会中是不必要的，因为‘工作’这一概念所包含的人员类别非

① ECHR Demir and Baykara-request no. 34503/97 of 12 November 2008.

② 决议编号123/2016，见Liaisons sociales Europe no. 463，27 December 2018.

常宽泛”。委员会一针见血地指出，“决定性的判断标准在于劳动的提供者和参与者之间是否存在力量的不平衡。如果劳动的提供者对于合同条件的内容没有实质性影响力，那么他们就必须获得通过集体谈判平衡双方力量的机会”，平台工作者们就面临着力量不平衡的局面。

3.2.2 国际劳工组织公约

结社自由、集体谈判权和罢工权被载入了国际劳工组织第87号和第98号公约。人们常常会将这三项权利合并在一起行使，上次出现这种情况是在2018年[①]。国际劳工组织第87号公约第2条“不加任何区分”地规定所有劳动者都享有结社自由。专家委员会曾反复强调，劳动者与雇主之间的雇佣关系并不构成是否享有结社自由的判断标准，因为很多时候雇佣关系并不存在，例如，农业工人、自雇者或者自由职业者，他们都应享有结社自由。唯一允许的例外是武装部队和警察成员。在一份报告中，委员会明确表示“为非从属或依赖他人的自雇者组建工会设置障碍的做法违反了国际劳工组织第87号公约”[②]。至于罢工权，委员会一直以来都认为“只要罢工行为的目的是捍卫

① 国际劳工组织（2018）Freedom of association - Compilation of decisions of the Committee on Freedom of Association, 6th ed., Genève, International Labour Office.

② 见第363号报告，案件编号No. 2868，§1005，2018年文件汇编第71页。

自身的经济和社会利益，罢工就是工人和工人组织的一项基本权利。罢工权是受国际劳工组织第 87 号公约保护的结社权必然能推导出的权利”[①]。

对于结社自由，“只有武装力量、警察和参与国家管理的公务员不享受集体谈判权利”[②]。同样，“如果互相协作的工人有权组织起来，那么从逻辑上说，互相协作的工人加入的工会组织应当有权代表工人参与集体谈判，捍卫和促进工人权益”[③]。委员会还要求，“政府应当采取必要措施确保自雇劳动者能够完整享有工会的各项权利，以促进和维护其自身权益，并且不排除以集体谈判的方式达成这一目的；政府还应当在咨询有关社会伙伴的基础上判明与集体谈判有关的自雇者特征，以便建立专门面向自雇者的合适的集体谈判机制”[④]。

在有关世界各地非标准工作的报告中，国际劳工组织提出了若干建议，其中几条保证所有形式的社会对话和社会动员都适用于有关劳动者的境况。在集体谈判中，特定行业部门或企业的具体情况能够得到重视，因而集体谈判是降低包括平台工作在内非标准工作不安全感的有效方式。

---

① 摘自 2006，§520。

② 见第 371 号报告，案件编号 No. 2988，§843。

③ 见第 354 号报告，案件编号 No. 1668，§679。

④ 见第 576 号报告，案件编号 No. 2729，§888。

总的来说，平台工作者的自雇身份并不能真实反映他们的工作条件，上文提到的几件法律纠纷即是明证。在这些新的非标准就业形式面前，劳动法的根基再一次被动摇。应对这一现实的方法有很多。以自雇和工薪工作可以互相兼容为出发点，我们可以按照现实情况将从事这些工作的个人都认定为工薪劳动者，也可以制定一部通用的劳动法，其中规定所有在工作中受制于人的劳动者都应享有的基本权利，包括结社自由、采取集体行动的权利和集体谈判权。

（本部分由法国国家科学研究中心主任、波尔多大学劳工和社会保障法比较研究中心主任伊莎贝尔·道格林写作）

意大利

1. 当前形势

意大利社会保障局（INPS）在其发布的第 17 份年度报告中强调，由于平台在意大利没有独立的身份编码（也就是说平台根据行业进行分类，采用了与传统企业相同的编码），因而很难确定正在运营的平台数量[1]。根据这份报告，2017年在意大利国内运营的平台共 50 家[2]，其中 22 家没有工人（workers），

① INPS（2017）XVII Rapporto annuale, Roma, Istituto Nazionale Previdenza Sociale, p. 98, https://www.inps.it/nuovoportaleinps/default.aspx?itemdir=51978.Voir aussi Forde C. *et al.*（2017）The social protection of workers in the platform economy, p. 19. http://www.eu roparl.europa.eu/RegData/etudes/STUD/2017/614184/IPOL_STU（2017）614184_EN.pdf.

② 据 TraiLab 和 Collaboriamo 两家机构发布的报告《合作性平台情况概览》（*Mappatura delle Piattaforme Collaborative*，2017），2015 年在意大利国内运营的平台共有 118 家，其中 11% 在 2016 年停业。报告对 2016 年在营业的 125 家平台做了跟踪调查。

17 家有雇员（employees），另外 11 家主要依靠劳务提供者维持经营，仅有少数雇员。尽管人员的流动率很高，但生存下来的平台正在以极高的速度发展。据意大利中央银行——意大利银行（Banca d’Italia）发布的数据，送餐平台的年增长率约为 250%，其他基于劳务的平台的年增长率也达到了 95% 左右[①]。

意大利社会保障局报告指出，2017 年意大利共有 753248 名平台工作者。数字来源于由贝内代蒂基金会（De Benedetti Foundation）委托开展的一项研究。不过很多平台工作者可能没有被发现：如果他们以“增值税劳动者”[②]的身份工作，那么就要自己缴纳社会保险，但这样一来社会保障局就会无从知晓他们为谁工作。

近期对米兰市外卖骑手的一项调查[③]表明，绝大多数的平台工作者为男性（97%）、非意大利籍（61%）、非学生（85%）、和他人签订了劳务合同（50%）、合同有效期为数月不等。很多骑

① Giorgiantonio C. and Rizzica L.（2018）Il lavoro nella gig economy: evidenze dal mercato del food delivery in Italia, Questioni di economia e finanza 472, Roma, Banca d’Italia, p. 12.

② “增值税劳动者”是指需要自行全额缴纳社保的自营就业劳动者。

③ Fasano L.M. and Natale P.（eds.)（2019）I riders: una ricerca di carattere ricognitivo, Milano, Università degli studi di Milano, Dipartimento di studi sociali e politici. Voir aussi Natali P.（2019）I riders milanesi, ovvero gli sfruttati del post-capitalismo, Lavoro Diritti Europa, 1, 1-4.

手并不知道自己签订的合同适用哪条法规①，他们按照配送里程或配送次数计酬。

社会保障局的报告中还包含了一条值得关注的信息，那就是 38% 的平台工作者表示他们在工作过程中几乎完全不能自己做主，50% 的受访者宣称他们的工作受到计算机算法的安排和掌控②。

1.1 政治背景

意大利连续两届中右翼政府（2014—2016 年的伦齐政府和 2016—2018 年的真蒂洛尼政府）都致力于发展共享经济，确保公平竞争和保护消费者。为此，两届政府提出了三条立法提案。另外，2017 年，真蒂洛尼政府还启动了一项名为“企业 4.0”的全国性计划。

2018 年，新成立的联盟党和五星运动执政联盟对这一计划的支持力度很小，并撤销了上一个立法周期内提出的所有立法提案。2018 年 7 月，五星运动领导人、劳动和社会政策部长路易吉·迪马约（Luigi Di Maio）启动了与工会和平台的圆桌谈判。谈判前期，迪马约向参会者分发了一项新的立法提案，该

① 这一情况也得到了意大利社会保障局报告（2017）的确认。

② NPS（2017）, p.106.

提案旨在扩大从属性概念的范围，以确保平台工作者享有某些权益，例如，最低工资、下线的权利和年假权。另外，这项提案还引入了一项机制，让工会拥有对平台评价系统的知情权，并能够就算法的使用展开谈判。然而，平台方提出参加圆桌会谈的前提条件就是撤回该提案。因此，针对这份提案的讨论从未真正展开。

除了 Domino's Pizza 以外，所有与会的平台公司始终拒绝讨论旗下工作者的从属身份。目前，这场圆桌会谈正“陷入僵局”（2018 年 11 月以来再没有召开任何会议）[①]。

都灵上诉法院就 Foodora 案作出判决后，政府又提交了一份新的立法提案。这份提案遭到了工会方面的抨击，因为提案旨在将送餐劳动者分类为“由委托人组织起来的工人”（适用于立法令 81/2015 号第 2 条）。这份提案同样也被撤销了。

2019 年 4 月，劳动和社会政策部长公布了一项新的立法提案，旨在确保平台工作者能够享受工伤事故保险，并提高了平台缴纳社会保险的数额，禁止按件计酬。

① Scacchetti T. and Fassina L.（2019）La tutela del lavoro nell'economia delle piattaforme: note di politica del diritto e di politica sindacale a margine della sentenza Foodora, Lavoro Diritti Europa,1, 1-9.

1.2 未申报的工作和失业

意大利未申报工作的比例很高，欧洲委员会公布的数据为15.7%[①]。失业率同样居高不下（10.5%），未就业人口比例也很高（34.3%）。青年失业和未就业率更高，15—24岁人口失业率为33%，未就业率为73.9%[②]。因此，平台经济得到了广泛支持，因为它能够将未申报工作转变为已申报工作。同样，人们还认为平台能够帮助弱势群体找到工作，也能创造更多的工作岗位。

这些观点忽略了一个事实，即很多平台工作者都是伪自雇者，而且平台经济能够把正规就业转变成伪自雇[③]。同样，虽然很多支持者强调平台经济创造了新的就业岗位，特别是面向年轻人的工作岗位，但很少有人注意到新就业岗位的质量如何。近期围绕贫穷工人的辩论将平台工作者恶劣的工作条件带到了聚光灯下[④]。

---

① European Commission（2017）Factsheet on undeclared work: Italy.

② Istat（2019）Occupati e disoccupati, January 2019, Roma, Istituto Nazionale di Statistica.

③ See the Swisscom case: http://www.areaonline.ch/L-esercito-di-riserva-di-Swisscom-49aeba00?vis=3.

④ Bano F.（2019）Il lavoro povero nell'economia digitale, Lavoro e diritto, 1, 129-148.

我们还应当注意到，劳动监察员的数量自2006年最后一次全国招聘以后就开始稳步下降。从那时起，因为退休造成的劳动监察员流失从未得到过补充。由于平台具有“隐蔽性”，平台工作者的地理分布又极为分散，因此劳动监察员很难对他们的工作情况进行监督。另外，劳动监察员的考核与薪酬都基于一套打分体系。在这套体系中，揭发未申报工作能够获得最高评分，而将自雇者重新分类为雇员获得的评分却很低，这解释了在意大利为何劳动监察工作都不针对平台活动[①]。

1.3 平台经济的相关文献

若干劳动法和社会保障领域的期刊都刊登过平台工作者的专题文章[②]。虽然有些在期刊等平台公开发表的研究成果的研究

① 2016年，在反对Foodora的公开抗议期间，劳动监察员应要求前往干预。

② Rivista giuridica del lavoro (2017) 1; Quaderni della Rivista Giuridica del Lavoro e della Previdenza Sociale (2017) 2; Lavoro Diritti Europa (2019) 1; Labour & Law Issues (2018) 4. Voir aussi: Faioli M. (ed.)(2018) Il lavoro nella gig economy, I Quaderni del Cnel 3; Perulli A. (ed.)(2018) Lavoro autonomo e capitalismo delle piattaforme, Padova, Cedam; Tullini P. (ed.)(2017) Web e lavoro: profili evolutivi e di tutela, Torino, G. Giappichelli ; Somma A. (ed.)(2019) Lavoro alla spina, welfare à la carte: lavoro e Stato sociale ai tempi della gig economy, Milano, Meltemi. 其他相关文献：Delfino M. (2018) Work in the age of collaborative platforms between innovation and tradition, European Labour Law Journal, 9(4), 346-353; Donini A. (2018) Lavoro agile e piattaforma digitale tra autonomia e subordinazione, Variazioni su Temi di Diritto

质量很高①，但目前还缺少跨学科研究，例如，劳动法学者与民法或竞争法等其他领域的学者合作开展的相关研究。应该注意的是，不同研究领域的研究者追求的目标各不相同：劳动法律师热衷于为平台工作者提供某些形式的保护，民法和竞争法律师则希望促进平台市场的进一步发展，为劳务供应扫清法律障碍。

围绕平台工作者的劳动法辩论主要聚焦于应采取何种方法确保平台工作者得到一定程度的社会保护。

一些劳动法专家建议对从属概念重新进行解读，以便将其推广到由平台施加的雇主权力上②。一些学者则提出要扩大《民

---

del Lavoro, 3（3）, p. 837; Papa V.（2018）Post- industriale o pre-moderno? Economia digitale e lavoratori on-demand: nuovi paradigmi organizzativi e vecchie esigenze di tutela, Diritto delle Relazioni Industriali, 3, p. 729; Pacella G.（2018）Alienità del risultato alienità dell'organizzazione: ancora una sentenza spagnola qualifica come subordinati i fattorini di Deliveroo, Labour & Law Issues, 4（1）, 61-90; Gramano E.（2018）Riflessioni sulla qualificazione del rapporto di lavoro nella gigeconomy, Argomenti di Diritto del Lavoro, 24（3）, 730-758; Consiglio A.（2018）Il lavoro nella digital economy: prospettive su una subordinazione inedita?, Labour & Law Issues, 4（1）, p. 100; Balandi G.G.（2018）Concetti lavoristici impigliati nella rete, Rivista Trimestrale di Diritto e Procedura Civil, 72（2）, 461-469.

① De Stefano V. and Aloisi A.（2018）Digital Age. 特定类型平台工作的就业和工作条件。国家背景分析：意大利、都柏林、欧洲改善生活和工作条件基金会。

② E.g. Loffredo A. and Tufo M.（2018）Digital work in the transport sector: in search of the employer, Work Organisation, Labour & Globalisation, 12（2）, 23-37.

法》第 2094 条的范围，将平台工作者纳入雇佣合同定义中[①]。

另有一些学者呼吁采取“纠正措施”。他们指出，判定劳动关系是从属性还是自主性不应对问题产生任何影响，并且每一条法规的范围都应该能反映出劳动者的“弱点”[②]。不过，人们现在还不清楚应当如何衡量这些“弱点”：有些学者认为应当从劳动者的从属或自主程度来判断，这就又把问题带回了原点（即判断劳动关系是从属性还是自主性）。还有学者建议根据劳动者工资多少来提高其劳动和社会保护水平，但这将导致对不稳定就业的劳动者保护程度下降[③]。另外，不论如何定义“劳动者弱点”，都应尽快明确。因此，“判断劳动关系的类型”问题依然没有得到解决。

最后，应当注意到意大利有些卫生和安全法规也适用于自雇者[④]，例如，一些反歧视规则、孕产和育儿相关法规、针对工伤事故的社会保险、养老金和失业救济金相关法规等。因此，就算平台工作者依然弱势且分散，但他们已经获得了一定

① 参见《皮耶蒙特大区立法提案》（第 2 章）。

② E.g. Treu T.（2017）Rimedi, tutele e fattispecie: riflessioni a partire dai lavori della gig economy, Lavoro e Diritto, 3-4, 367-406.

③ Ciucciovino S.（2018）Introduzione, in Faioli M.（ed.）Il lavoro nella gig-economy,I quaderni del Cnel 3.

④ Delogu A.（2018）Salute, sicurezza e “nuovi” lavori: le sfide prevenzionali nella gig economy e nell’industria 4.0, Diritto della Sicurezza sul Lavoro, 2, 37-77.

形式的劳动者保护。阿卢瓦西（Aloisi）和德·斯特法诺（De Stefano）指出，“人们几乎没有采取任何系统化措施来明确现有法规应当如何适用”①。实际上，不论是“以弹性方式解读雇佣的概念”还是最大限度利用现有法律体系，都能找到解决方法。

2. 意大利国内法律环境

意大利 2016 年的自雇比例为 21%，是欧洲自雇比例最高的国家之一②。自雇这一类别中还包含经济上不独立的自雇者，也就是所谓“半从属”劳动者，他们受到特别法规规制。由于人力成本较低，半从属性合同（即协同且持续合作的合同）在很多地方取代了传统的雇佣合同。因此，立法机关从 2003 年起就一直在努力限制伪半从属性合同。为此，立法机关在 2015 年引入了“由委托人组织的合作”③这一概念：若一名委托人决定了若干与业绩相关的因素，包括何时何地展开工作，那么雇员享有的所有法定雇佣条文均适用于被委托人，即便他在形式上

① De Stefano and Aloisi（2018）op. cit., p. 14.

② 欧洲统计局（2017）Taking a look at the self-employed in the EU.

③ 立法令 81/2015 号第 2 条。

是自雇。集体协议可能会背离这条规则，并脱离劳动法监管。2017年[①]，立法机关修改了半从属性的定义[②]，明确了在持续协同的合作中缔约方必须就委托人如何协调劳动者的行为达成一致。另外，劳动者还必须能自主从事工作活动。法律条例引入了更多针对真正自雇者的保护形式。很多学者认为，以上这些法律干预手段无助于澄清雇员、自雇者、半从属性劳动者和半从属性他人组织劳动者这几种身份。因此，意大利国家和地区层面出台了数条有关平台工作者的法案（如《迪马约提案》《皮耶蒙特提案》等），旨在消除他人组织这一概念[③]，扩大从属概念范围。

在意大利，雇佣合同分很多种类。除了所谓的标准雇佣合同，即无固定期限全职合同之外，还有按照固定期限合同或兼职合同工作的劳动者、间歇工作者、劳务派遣工人、劳务凭单工人、临时工、“持续协调劳动者”以及“增值税劳动者”等雇佣合同形式。平台方因而可以挑选最适合自己的雇佣合同形式。例如，户户送决定以临时工或者“增值税劳动者”雇

① 87/2017 号法案。

② 《民事诉讼法》第 409 条。

③ 立法令 81/2015 号第 2 条。

佣合同形式招工[①]，而 Foodora 则倾向于采取“持续协调劳动者”雇佣合同形式[②]。还有些平台（如 JustEat）选择与第三方公司签订劳务合同，由第三方公司招募工人，安排他们为平台工作[③]。

不过，法院随时都可以“当工作关系的实质中包含了从属性关系的法律特征时，或当人身依附性程度达到了现实中的雇佣关系程度时，不认同乃至推翻缔约合同各方所选择的合同标签类型”[④]。实际上，意大利劳动法有两大基本原则：一是“不可偏离”原则，私人协议不得偏离法律和集体协议所确定的要求；二是“以事实为准绳”原则，“雇佣关系的存在与否，应当根据实际从事工作的事实判断，而非根据当事各方对关系的描述来判断”[⑤]。

直到 2019 年，意大利都没有对平台工作（或类似概念）做

① 委托人无须为年收入 5000 欧元以下的临时工缴纳任何社会保障和社会保险费用。增值税劳动者要自行缴纳全额社会保障费用，且不享受社会保险。但是户户送购买了商业保险，以防骑手遭遇事故。

② 在持续协调合作中，需要由委托人和劳动者共同缴纳社会保障费用，委托人缴纳 2/3，劳动者缴纳 1/3。

③ Guarascio D.（ed.）（2018）Report sull’economia delle piattaforme digitali in Europa e in Italia, Inapp Report 7, Roma, Istituto Nazionale per l’Analisi delle Politiche Pubbliche, p. 74.

④ De Stefano and Aloisi（2018）op. cit., p. 7.

⑤ Berg et al., 2018; see, Italian Court of Cassation n. 25711/2018.

出法律定义，也没有适用于平台工作的具体监管框架[①]。2019年3月20日，拉齐奥大区通过了一项专门法律。虽然大区一级没有在这一领域立法的职权，但拉齐奥大区的法律还是为“数字劳动者”引入了若干项权利。不论劳动关系是什么类型，持续多长时间，只要劳动者向平台提供了劳动，而平台又通过应用软件组织劳动者供应劳务，同时决定劳务价格和工作条件，那么这些劳动者就属于“数字劳动者”（第2条）。这部法律规定，在拉齐奥大区经营的平台企业要为劳动者提供卫生和安全培训以及相应装备，以保护其不受工伤事故的伤害（第3条）。另外，平台还要为工人购买工伤事故保险、生育险和第三方责任险（第4条）。该法律禁止按件计酬，要求平台遵守由最具代表性的工会签署的全国性集体协议所确定的最低工资标准，并且应支付可用性津贴（第5条）。数字劳动者对工作条件有知情权（第6条），还应知晓算法和评价系统的运作情况（第7条）。这部法律还引入了注册机制，平台企业注册后可领取“公平商业”标签。

2018年6月，皮耶蒙特大区提出了一项立法提案。该提案对《迪马约提案》做了改进（实际上该提案也是由五星运动提

① 2013年，意大利劳动部下发了一份关于Amazon Mechanical Turk公司的通报，澄清该企业不构成劳务派遣劳动关系。

出的），包括确保劳动者对工作条件的知情权、保障公平薪资、禁止按件计酬、保障工会就算法问题展开谈判的权利和劳动者下线的权利、对工作时间作出规定、禁止歧视以及与数据保护相关的规定。另外，该提案对意大利《民法》第 2094 条中雇佣合同的概念做了拓展，规定劳动者只要通过应用软件或其他程序接收订单，就可以被视作雇员。

3. 法院判例

在意大利，最早牵涉到平台的案件与竞争法有关。2015 年，米兰法院判决在全国范围内禁止 UberPop 应用程序，理由是存在不公平竞争。法院指出，该应用软件提供的服务与传统出租车呼叫中心类似，而其定价体系却不受公共出租车服务法规的管辖[①]。随后，米兰法院又对 UberBlack 下了禁令，理由是构成了对私人雇佣车辆司机的不公平竞争，后者在完成一次行程后还需再返回驻地[②]。应当注意的是，在这两个案例中，有两个消费者协会参与了审判，支持平台公司的立场。

① Trib. Milano, ord., Sez. spec. Impresa, 25 May 2015.

② Trib. Milano, ord., Sez. spec. Impresa, 9 July 2015, Rivista Italiana di Diritto del Lavoro（2016）, no. 1, II, 46 ff. See also Trib. Roma, Sez. IX, 7 April 2017; Trib. Torino, Sez. I, 22 March 2017; Trib. Torino, Sez. spec. Impresa, 1 March 2017.

2018 年 4 月 11 日，都灵法院对涉及平台工作者的首起案件作出了判决。本案中一方为六名 Foodora 工人，他们在参加了 2016 年都灵的一场罢工（见第 4 节）之后被辞退。法官驳回了他们要求获得雇员身份的请求，理由是他们能够自由决定工作时间，且能够不遵守事先约定的排班。另外，法官还拒绝将他们认定为“委托人组织的劳动者”身份，依据是 Foodora 一方律师对立法令 81/2015 号第 2 条所做的狭义解读。代表 Foodora 一方的两名律师是保罗・托西（Paolo Tosi）和菲奥雷拉・卢纳尔多（Fiorella Lunardon），均为知名劳动法教授。2018 年 7 月，米兰法院同样驳回了 Foodinho 工人对雇员半从属身份的诉求。

在都灵和米兰两家法院看来，以下事实，如骑手们申报可出勤班次以后必须出现在指定热点处登录应用软件获取订单，配送订单必须在一定时间之内完成（时间按照建议路线计算），平台能够一直监测骑手位置和配送时的行驶速度，配送价格由平台决定，评价系统被用于安排班次和配送订单，骑手获得的配送订单取决于其出勤率和工作表现等，都不足以证明骑手和平台之间存在从属关系。

不幸的是，两起案件中骑手一方的代理律师之间没有沟通协调，其辩护策略没有经过广泛讨论和一致同意。

这两起案件的判决结果都遭到了劳动领域学者的抨击[①]。尤

① 关于都灵法院的判决，可参见：Biasi M.（2018）Il tribunale di Torino e la qualificazione dei riders di foodora, Argomenti di Diritto del Lavoro, 4-5, p. 1220; Liebman S. and Aloisi A.（2018）I diritti in bianco e nero dei riders（e degli altri gig workers）, 30 juillet 2018, www.viasarfatti25; Cavallini G.（2018）Torino vs. Londra il lavoro nella gig economy tra autonomia e subordinazione, Sintesi, 5, 7-11; Tullini P.（2018）Prime riflessioni dopo la sentenza di Torino sul "caso Foodora". La qualificazione giuridica dei rapporti di lavoro dei gig-workers: nuove pronunce e vecchi approcci metodologici, Lavoro Diritti Europa, 1, 1-9; Dagnino E.（2018）Foodora, esclusa la subordinazione per i rider, Guida al Lavoro, 21, p. 12; Saccaggi M.（2018）La sentenza Foodora: i rider, come i pony express, sono liberi di non lavorare, Bollettino ADAPT, 14 mai 2018; Gragnoli E.（2018）Una complessa, ma significativa decisione sulla qualificazione dei contratti stipulati con i gestori delle cosiddette piattaforme digitali（nota di commento a Tribunale Torino 7 maggio 2018）, http://www.dirittolavorovariazioni.com/index.php?option=com_content&view=article&id =1825&catid=10&Itemid=310; Ichino P.（2018）Subordinazione, autonomia e protezione del lavoro nella gig-economy, Rivista Italiana di Diritto del Lavoro, 37（2）, 294-303; Del Conte M. and Razzolini O.（2018）La gig economy alla prova del giudice: la difficile reinterpretazione della fattispecie e degli indici denotativi, Giornale di Diritto del Lavoro e di Relazioni Industriali, 159, 673-682; Recchia G.（2018）Gig economy e dilemmi qualificatori: la prima sentenza italiana, Il lavoro nella Giurisprudenza, 26（7）, 721-734; Gramano E.（2018）Dalla eterodirezione alla eterorganizzazione e ritorno: un commento alla sentenza Foodora, Labor, 5, 609-619; Lai M.（2018）Crowd working e tutela del lavoro, Diritto e Pratica del Lavoro, 35（19）, 1182-1192; Spinelli C.（2018）La qualificazione giuridica del rapporto di lavoro dei fattorini di Foodora tra autonomia e subordinazione, Rivista Giuridica del Lavoro e della Previdenza Sociale, 3, p. 371. 关于米兰法院的判决，可参见 Forlivesi M.（2019）Nuovi lavori, vecchie interpretazioni? Note a margine di una recente sentenza del Tribunale di Milano sulla qualificazione giuridica dei c.d. riders, Labor, 1, p. 112.

其是都灵法院的判决，后来被上诉法院推翻[①]。虽然上诉法院承认 Foodora 的外卖骑手们不是雇员，因为他们能自由决定工作时间，且可以不遵守商定时间的排班，但立法令 81/2015 第 2 条依然适用。上诉法院认为，Foodora 对骑手的工作活动发挥了组织作用，且能够决定骑手的工作时间和地点（Foodora 规定排班、配送时间、薪资等）。作为“由委托人组织的劳动者”，Foodora 骑手应当享受雇佣法律下的权益。然而，上诉法院仅支持骑手有权根据物流行业的全国集体协议获得报酬，其他雇员法规都不适用于骑手（例如有关不公平解雇的法规）[②]。应当注意的是，上述判决均未评估反歧视、卫生与安全、数据保护等法规是否以及多大程度上适用于外卖骑手的问题。

① 关于这次判决可参见 Paoletti M.（2019）Ciclofattorini: una sentenza interessante, un problema ancora molto aperto, Lavoro Diritti Europa, 1/2019; De Luca Tamajo R.（2019）La Sentenza della Corte d'Appello Torino sul caso Foodora: ai confini tra autonomia e subordinazione, Lavoro Diritti Europa, 1/2019; Tullini P.（2019）Le collaborazioni etero- organizzate dei riders: quali tutele applicabili?, Lavoro Diritti Europa, 1/2019.

② 根据意大利劳动部下发的 3/2016 号通报，所有规范就业合同的法规也应适用于“由委托人组织的劳动者”。

4. 集体行动

意大利的外卖骑手已经组织过多种形式的公开抗议活动（罢工、集体下线、快闪、请愿等）。骑手们利用社交网络互相联络，协调集体争议中的行动。2016 年 10 月，都灵掀起了一场抵制运动，抗议 Foodora 决定按配送单数支付酬金（按件计酬）并将骑手列为下属工作者。2017 年 7 月，米兰爆发了一场相似的罢工活动，抗议户户送引入按件计酬。之后，意大利国内又出现了多次群体性事件。2018 年 1 月，博洛尼亚爆发了“白雪罢工”，抗议恶劣的工作条件。2018 年 11 月，佛罗伦萨劳动者组织了一次快闪活动，抗议 Foodora 被 Glovo 公司接管后，所有工人遭到开除。平台对这些集体行动的应对方式各不相同。2016 年，Foodora 辞退了参加抗议活动的骑手（拒绝与他们续签劳务合同）。随后，六名遭辞退的骑手一纸诉状将 Foodora 告到了都灵法院（本案判决于 2018 年 4 月，见第 3 节）。户户送决定雇佣更多骑手，以最大限度降低罢工带来的影响。

虽然爆发了众多集体行动，但意大利的劳动法学者们尚未开始研究罢工权如何适用于这些新形式的集体争议。不过，在意大利，集体谈判和罢工两项权利已经被赋予了自力更生的自雇者（即手下没有任何雇员为其工作的劳动者）。

对此，地方当局扮演着重要角色。2017 年，米兰市政府开设了意大利国内首个专门负责听取送餐平台骑手意见，为骑手提供信息和建议的机构——“米兰骑手事务局”。在博洛尼亚所谓的“白雪罢工”期间（见上文），市政府命令各家平台停止营业，之后开启并主持了一场圆桌会议，会上通过了《博洛尼亚数字劳动者基本权利章程》（见下文）。拉齐奥和皮耶蒙特大区也采取了区一级的措施。

另外，近几年涌现了一批“草根”工会[①]。博洛尼亚多家送餐平台的骑手们组织了属于自己的“骑手工会”，传统工会现在也开始与这些“草根”工会一起被动员起来[②]。2018 年 7 月，由意大利三大工会组织［意大利总工会下属运输工人联盟（Filt Cgil）、意大利工人工会联盟下属运输业联盟（Fit Cisl）和 Uiltrasporti 运输业联盟］共同签署的全国物流行业集体协议将“骑手”列入了职业分类，认定骑手为从属性劳动者。然而这份集体协议并非对所有平台都有约束力。实际上在意大利，只有

① 见 Occhino A.（2019）Nuove soggettività e nuove rappresentanze del lavoro nell’economia digitale, Labor 1/2019, p. 40.

② Tassinari A. and Maccarone V.（2017）The mobilisation of gig economy couriers in Italy: some lessons for the trade union movement, Transfer, 23（3）, 353-357.

当雇主也签署了集体协议时，才受该协议约束（也就是说集体协议不具备绝对权效力）。

2019 年 5 月，餐饮配送公司 Laconsegna 与 Filt Cgil、Fit Cisl 和 Uiltrasporti 签署了一份集体协议，规定骑手身份是从属性劳动者（即雇员）。这也是首次有意大利企业签署的集体协议。根据这份协议，骑手的雇佣合同受全国物流行业集体协议规范。因此，骑手的薪酬应根据工作时间计算，他们还享有赋予雇员的所有社会保障权益。另外，Laconsegna 公司的雇员成立了工人委员会，这也是意大利平台经济中成立的首个工人委员会。

户户送、Glovo、JustEat、Uber Eats 和 Social Food 几家平台在参加 2018 年 7 月意大利劳工部长组织召开的圆桌会议之前成立了一家名为“配送协会”（AssoDelivery）的平台联盟组织。Foodora、Foodracers、Moovenda 和 Prestofood 于 2018 年 6 月共同签署了《餐饮配送价值章程》，以保护骑手的基本安全。现实中，这些平台重申了骑手的自雇者身份，同时承诺为其提供公平且充足的报酬（但没有提到如何落实）以及避免使用排名体系。但《餐饮配送价值章程》不具备强制力，没有为骑手的境况带来任何改变。

2018 年，《数字劳动者基本权利章程》（又称《博洛尼亚章程》）在博洛尼亚签订。只有 Sgnam 和 MyMenu 两家平台在章程上签字。虽然这份章程的法律价值微乎其微，但却有着很大的政治价值。例如，博洛尼亚市正在考虑为遵守这一章程的平台企业降低地方税。《博洛尼亚章程》适用于所有在博洛尼亚工作的平台工作者[①]。章程规定平台工作者对工作条件（包括最低有酬工作时间）和评价体系有知情权；时薪应固定且合理，不得低于全国集体协议中为类似劳务确定的标准；加班应支付加班费；禁止歧视行为；平台不接收劳动者时应通知有关方并说明合理原因；应由平台为劳动者购买工伤保险和疾病保险；平台应补贴骑手维修保养自行车的费用；平台应保护个人数据；骑手有权离线；骑手有结社自由和罢工权。

应当注意，《博洛尼亚章程》对将平台工作者的身份认定为雇员还是自雇者没有影响。如上文所述，法官只能根据实际工作情况来判定其劳动关系是从属性还是自主性。

结　论

意大利国内围绕平台工作者的辩论主要受两个因素影

① 《博洛尼亚章程》适用于所有在博洛尼亚工作的平台工作者，但只对在章程上签字的雇主有约束力（目前只有 Sgnam 和 MyMenu 两家）。

响：一是短期政治需求（例如为了赢得地方、全国或欧盟选举），二是意大利劳动力市场的糟糕状况。因此，意大利国内提出了数个立法提案。由于目前政坛动荡，意大利尚未出台全国范围内规范平台工作者的法律框架。

鉴于这一情况，各地方当局和工会已经出手干预，以确保平台工作者享有一定的社会权利。地方当局和工会联盟参与这一事务的主要诱因是送餐骑手们组织了一系列的罢工和其他公开抗议活动。因此，意大利有关平台工作者的主要法规（例如《博洛尼亚章程》以及全国物流行业集体协议的应用）可以被看作平台工作者通过集体行动争取到的成果。

（本部分由费拉拉大学劳动法副教授希尔维娅·波雷尔写作，克里斯多夫·德格里斯汇编）

荷　兰

1. 当前形势

在荷兰，关于数字平台工作者和服务提供者（平台工作者）的身份问题争论得很激烈。这一辩论实际上可以在广泛意义上被看作不稳定工作及其兴起的争论的组成部分。

2016 年，荷兰社会经济委员会（Sociaal-Economische Raad，简称SER[①]）发布了一份关于工作数字化的报告[②]。次年，政府召开了关于劳动法未来发展的会议，法律专家、雇主和工会都参加了此次会议[③]，大家讨论了平台经济带来的挑战，但未

① SER 是一个由雇主代表、工人代表和专家组成的咨询性非政府组织（依法组建）。它向政府和议会提供有关社会经济政策问题的建议，并促进达成协议。

② SER（2016）Mens en technologies: samen aan het werk.https://www.ser.nl/-/media/ser/downloads/adviezen/2016/mens-technologie.pdf.

③ 2017 年 11 月 16 日，“平台经济工作”圆桌会议，第二分庭。https://www.tweedekamer.nl/debat_en_vergadering/commissievergaderingen/details? id=2017A03004.

得出任何明确结论。多数专家和雇主联合会都认为，根据现行立法，平台工作者不是雇员，而是自雇服务的提供者[①]。然而，专家指出，法律并不适应新的工作形式[②]。工会则认为，平台工作者有权享受最低工资、正常工作时间等权利[③]。

荷兰的劳动力市场非常灵活，特别是在1999年通过了一项新法律之后，该国带有短期合同（定期雇佣合同、自由职业合同、零工合同）性质的工作和临时派遣工作大大增加。此后，该国的合同不仅强调其灵活性，还在安全性方面作了补充，包括：集体协议、最低限度的保护和养老金权利。雇主倾向于认为自己不再需要雇员，转而可以使用自雇劳动力。目前，约有150万名工人被归类为自雇者[④]，他们无法获得社会保险，其中

---

① 参见示例：Houwerzijl M.S.（2017）Arbeid en arbeidsrecht in de digitale platformsamenleving：een verkenning, Tijdschrift Recht en Arbeid, 2,3-8. Kruit P. and Ouwehand M.（2018）Platformarbeid：de ene platformwerk（nem）er is de andere niet, Tijdschrift Recht en Arbeid, 7-8.

② van Slooten J.M.（2017）Ter visie-Platformarbeid：nog een reden tot rethinking van het arbeidsrecht, Tijdschrift voor Arbeid en Onderneming, 2, 51-52.

③ 2018年底成立的跨部门研究小组正在编写一份关于未来工作的报告。项目将于2019年5月底完工（2018年11月7日设立的专员监管机构）。

④ 编者注：有关荷兰劳动力市场灵活程度的更多信息，请参阅https：//www.etui.org/News/Netherlands-marked-increase-in-flexible-workers。Paul de Beer 和 Evert Verhulp 教授（阿姆斯特丹大学）表示，近年来自营职业激增，部分原因是税收制度使无雇员的自雇人士受益颇多（http://uva-aias.net/en/news/publ-dertig-vragen-en-antwoorden-over-flexibel-werk）。

大多数人的收入也不足以支付私人保险费用。

令人担心的是，平台经济发展只是通往更灵活、更不稳定工作的垫脚石。平台工作对传统临时派遣构成了初步威胁，也对整个劳动力市场（特别是分包形式）和现行劳动法产生了影响，劳动力市场和现行劳动法尚未适应平台工作的发展。1907年，荷兰就制定了劳动法，旨在保护没有储蓄的低技能工人。荷兰劳动法规定了最低工资、工作时间限制、工作条件和工作安全，并针对某些社会风险提供保护。而平台使用的是服务合同而非雇佣合同，绕过了法律，没有为员工提供任何保障。经历100年的社会安定后，新的“社会问题”是否正在形成?

平台通过雇佣临时工而非雇员，为消费者（优步、户户送等）提供廉价服务。临时工要便宜得多，因为平台无须为其支付社会保障/保险费用，无须支付最低工资，无须提供培训，亦无须预留遣散费。就业条件/成本竞争使整个系统处于危险之中，因为临时工作者的工资水平很低，无权享受社会福利，可期待的仅仅是最低养老金，没有任何补充（职业）养老金，这可能导致贫困风险。该模式的危险在于平台经济将增加贫困，迫使工人不得不依靠社会福利度日。荷兰最近的政府报告（2018年11月26日）表示，由于收入过低（每年约15000欧元），约有一半的自由职业者根本不交税。此外，收入的很大一部分（25%—35%）可能要用于支付平台运营商的程序使用费。这使得工作者不得不延长工作时间，以维持生计[①]。

然而，此类工作者也承担着失业者类似的风险：没有需求、没有工作、没有工资。自雇工作者貌似可以享受自己管理生活的自由，认为自己可以随时退休，不考虑钱的因素，但这与现实并不相符（尽管也的确存在真正的自由职业者，他们选择此类工作方式并能够赚到足够的钱来生活）。因此政府认为，需要保护此类“虚假”自雇工作者，使其免受工作环境的影响，防止在工作条件上的竞争。这就是为什么政府提出了针对自雇工作者的四项保护措施：服务合同声明（用于税收）；澄清“从属关系”标准；用雇佣合同防止低薪资（Arbeidsovereenkomst laag tarief，ALT）；自愿选择退出。[②]

在此背景下，我们将重点关注第三项措施。政府希望在下列两种情况下引入强制性雇佣合同和禁止服务合同：通过长期合同将自雇工作者绑定至一个共同承包商，而工资较低；或自雇工作者工资较低，但与联合承包商合作，定期为其工作。该

① 社会事务和就业部长致下议院信函的附件，2018 年 11 月 26 日。

② https://www.rijksoverheid.nl/binaries/rijksoverheid/documenten/kamerstukken/2018/11/26/kamerbrief-voortgang-uitwerking-maatregelen-werken-als-zelfstandige/kamerbrief-voortgang-uitwerking-maatregelen-werken-als-zelfstandige.pdf.

措施的细节尚不清楚，但目前很清楚的是，它存在与欧盟的竞争规则和关于劳动者有提供服务的自由的规定不相容的实质性风险。

无论如何，人们都想知道为何面对这么多风险，包括不稳定工作、职业停滞和贫困，荷兰的辩论仍然如此“平静”。两种可能的解释是：（1）每个人都有义务购买医疗保险（Zorgverzekeringswet，ZVW）；（2）所有公民都可以获得基本养老保障金。此外，自由职业者已建立了自己的医疗保险基金，即所谓的育儿基金或“面包基金”[1]，他们每月留出一笔钱，并将其存入共同的银行账户。若有人生病，可在两年内从这笔“汇集”的资金中分得一份。痊愈后，自由职业者还可以从旨在联络自由职业者的社交“伙伴”那里获得支持。自2018年10月以来，一家银行一直在为此类储蓄提供特定账户服务[2]。

① https://www.broodfonds.nl.

② Triodos Bank（Ed.）.

2. 国家立法环境

2.1 劳动法

荷兰的劳动法规定了两种工作形式：一种是根据雇佣合同工作；另一种是以自雇身份工作。没有雇佣关系，劳动法只能为其提供部分保护。有资格成为“雇员”的工作者，必须亲自完成指定工作，由（合法）人员予以支付报酬，且两者之间存在从属关系。[①]

在平台经济中，将工人进行分类要解决的两大问题分别是从属关系和个人完成他人分配的工作。关于后者，平台通常无法验证这一点：个人使用密码访问平台，但无法阻止第三人输入。很明显，无论是平台还是客户，都对真正提供比萨的人不感兴趣。因此，这是将工人分类为“雇员”需要解决的第一个问题。

关于从属关系，如果存在监督，则通常是通过智能手机或计算机应用程序中的算法来完成，而不是通过雇主。算法可以取代雇主吗？对于优步等平台，若司机连续三次拒绝提供服

① 荷兰《民法》7：610。

务，算法可以断开其连接。此类制裁是否构成从属关系？若存在从属关系，那么确定工作时间、工资和制裁的驱动程序是否也从属于算法？如果这些问题不解决，就如同是否“亲自”完成工作的问题一样，荷兰法官将无法裁定雇佣合同是否存在。

政府深知关键问题是从属关系。在 2018 年 11 月的回复中，政府还试图建立规则，帮助法官判决是否存在从属关系[①]。

政府提出了下列五个标准：

（1）管理者—员工关系：有权指导如何进行工作，明确定义预期结果，设定固定期限（工作开始和结束）等。

（2）劳动力的可比性：相关人员是否与员工执行着相同的任务？此工作是否也同时由正式员工完成？规则是否相同，是否有评估系统、培训义务等？

（3）工作时间和方法：若工人无法自由定义工作地点、工作时间表和使用的工具，则认为是从属关系。

（4）外部沟通：若自由职业者被迫使用承包商的名称，则为从属关系。如果非此类情况（使用自己的名字、徽标等），则不属于从属关系。

（5）法官还必须注意其他方面，如是否存在不竞争条款、

---

① 应指出，此类规定并不专门针对平台工作者，而广泛适用于打击“虚拟”自雇人士。

第三方责任等。

其他途径是否也值得探索，例如临时派遣工作？在荷兰，临时派遣工作的定义甚广，上诉法院拒绝区分此类工作的不同类型。[①] 临时工人通常由代理商（经纪人）指派工作。作为充当此类机构的平台，问题在于向其提供服务的个人是否应该被视为荷兰民法典意义上的临时雇员。[②] 与之相反，自 2018 年 10 月以来，一家临时机构使用应用程序（MatchAB），将劳动力提供者和工作提供者会聚起来。这是否意味着应用程序已经取代了派遣机构？如果是的话，这对临时工来说意味着什么？

2.2 社会保障法

社会保障法有两个不同的支柱：全民强制性的医疗保险，由个人支付；由税收支付的基本养老金（AOW），适用于所有在荷兰居住的个人。如前所述，这可能是荷兰个体经营“大军”未大规模动员、罢工或采取其他集体行动的原因之一。

从其他社会保障来看，只有处于常规雇佣关系的人才能得到保障[③]，法律规定雇员必须获得就业、残疾等方面的强制保

① HR 4 November 2016, ECLI：NL：HR：2016 ：2356（Care4Care）.

② 参见 Verhulp E.（2018）Platformwerkers verdienen meer, ArbeidsRecht, 2018/1.

③ 选择雇佣关系一词，是因其包括雇佣合同和法定雇佣。

险。还有一群工人被定义为处于“虚假”雇佣关系中：家庭工人、艺术家、足球运动员以及为付费的他人工作的个人。上述由社会保障“第二分支”涵盖的所有工人有权获得由雇主通过行业养老基金资助的补充养老金（特殊情况下，如果为此服务的公司存在该类基金，则自由职业者必须参加此类养老基金）。

一般而言，自由职业者被明确排除在法定社会保障制度之外，因为法律认为他们能够自己支付私人保险。但此类保险费用非常昂贵，意味着只有少数自由职业者可以参加残疾保险，为（私人）养老基金缴费。为了避免可能出现的新一代不稳定工人和贫困的养老金领取者，荷兰政府目前正在就每个人的强制保险问题进行讨论。但事实证明，讨论很困难，特别是关于自雇者和达到退休年龄个人的强制养老金缴款问题。

3. 国家法院判例

荷兰已作出了三项有关平台经济的裁决：一项是 2018 年 7 月 23 日阿姆斯特丹一审法院关于户户送[①]雇佣关系的裁决，另两项则发生在 2019 年 1 月 15 日，同样来自阿姆斯特丹一审

① ECLI：NL：RBAMS：2018：5183.

法院[1]。2018年7月的案件涉及一名年轻人，X先生，他是一名户户送骑手。起初，X先生的定期雇佣合同应该延长至2018年2月3日。他的小时工资是6.02欧元，并有权享受带薪休假。同时他必须在雇主指定的工作时间内做好准备。如果在指定时间内连续三次拒绝订单，雇主有权在不另行通知的情况下解雇他。此外，X先生必须穿户户送的防水衫，使用户户送的热水箱，不能为竞争公司工作。

2017年11月，户户送向所有车友发送了一封电子邮件，解释了其“按次付费”计划的成功之处，并计划将其扩展到所有骑手。但是所有骑手都和X先生一样，没有获得延长的劳动合同；骑手要么必须停止为户户送工作，要么必须签订提供服务的合同以继续工作。合同列出了以下不同以往的内容：使用第三方完成服务的可能性；没有义务在“保留”时间内提供服务；按照交付付款而非按小时付款；有义务向商会注册并获取保险费和税款。由于工作没有改变，X先生要求法官将该合同重新归类为雇佣合同，理由是他在执行工作，有报酬，有从属关系，并援引了存在雇佣合同的法律推定。

法官首先关注X先生所提出的法律推定。根据荷兰法律规定，当个人为他人工作三个月或每月至少20个小时，并由

---

① ECLI：NL：RBAMS：2019：198 and 210.

该人支付报酬时，可以被推定存在雇佣合同。但是，X 先生在 2017 年 11 月到 2018 年 1 月之间平均只工作了 7.5 小时。因此，他无法援引法律推定。虽然他在 2018 年 4 月、5 月和 6 月工作了 20 多个小时，但法官拒绝考虑该时期的情况。此外，法官指出，该条款只有在不存在合同或合同没有明确规定工作时长的情况下才能引用，以裁决是否存在雇佣关系。这并非该案件的情况。

然后，法官必须确定是否存在雇佣合同。根据荷兰上诉法院的判决，法官不仅需要审查合同条款，还需要检查其执行情况和当事人的意图。户户送的意图很明确：取消雇佣合同，而后只签订服务合同。X 先生声称他想继续工作，但除了签订服务合同外别无选择，即使他本来希望有一份劳动合同。

合同的执行是另一个能够改变合同法律分类的理由。法官审查了六个方面：工作义务、服装、保险、安全、替代可能性和费用。关于工作时间，其中一个问题是骑手接单的权利，这由算法确定。算法会优先考虑最“高效”的骑手。效率由算法决定，尽管骑手并未意识到所考虑的因素（是否超过平均的送单数量、“高峰期”的可用性和拒绝的次数）。此类系统是否构成了从属关系？ X 先生未质疑其有权拒绝接单。但是他肯定，这会影响以后的接单。考虑到户户送骑手充裕，订单最多时的工作也至关重要。因此，拒绝接单而可能遭受损失的风险意味着实际上骑手并不存在任何决定工作时间的自由。但是，法官认为，消极后果本身并不足以推定存在从属关系，因此也不能推定存在雇佣合同。

服装方面，无正式的着装指示。因此，不存在从属关系。安全指示对于运输部门来说很常见，且规定往往很宽泛，不具体。考虑到使用替代骑手的可能性，法官认为，户户送仅要求替代者能够完成工作，并不意味着替换是不可能的。一天结束时，户户送拥有接单记录，并使用这些数据来开发票。然而，户户送处理行政事务和设定费用，并不意味着存在着雇佣合同。

总之，法官裁定，2018 年 2 月之前，双方合同为劳动合同，而后双方已变更了合同关系，且以 X 先生的名义来执行合同。名称、意图及合同的执行情况都证明法官无须对其进行重新归类。尽管如此，法官提出了一个针对立法者的附带判决意见，指出现行劳动法可能不适合判断新的工作形式。

2019 年 1 月 15 日，事件发生了转折，阿姆斯特丹一审法院再次作出两项裁决[①]，法官裁定户户送与车手之间的关系需要被重新归类为雇佣合同。法官解释道，自己的判决不受同事先前裁决的约束，因为平台立法发展极其迅速，无先例可循。

---

① ECLI：NL：RBAMS：2019：198 and 210.

法官继续审查合同。首先，存在工作义务。户户送需要骑手，通过算法优先考虑“最佳”骑手，以此来实现管理骑手的可用性。其次，算法选择了最近的骑手，这要求骑手随时准备进行工作。任何拒绝接单的自由都不如合同规定的那么绝对。从个人角度来看，虽然骑手可以寻找替代者，但需履行的行政义务使这种可能性只是一种假设。再次，户户送设定了费用，骑手没有机会进行谈判。虽然骑手必须在商会注册，但法官认为这并非决定性因素，因为注册完全是户户送的要求。最后，虽然平台并未强制骑手使用户户送的热水箱，骑手也可以低价自己购买，但骑手的义务似乎很明显，毕竟户户送的指示范围非常广泛。考虑到以上所有事实，法官得出的结论是，骑手有权签订劳动合同。毫不奇怪，户户送已宣布将对该裁决提起上诉[①]。

4. 集体争议

由于荷兰最高法院的判例非常严格，导致荷兰的平台企业尚未出现过传统的集体争议。虽然 2014 年和 2015 年情况发生

① https://www.loyensloeff.com/en-us/news-events/news/benefitsbit-platformarbeid-de-belangrijkste-ontwikkelingen-op-een-rijtje.

了变化[①]，但集体行动仍然很少。2018年初，骑手针对户户送组织了一个“集体行动日”，但当时的行动对象还是签订了雇佣合同受雇的员工。自2018年2月以来，其雇员转变成了自雇者，他们未进一步采取过集体动员（应该指出，在这个关节点上，户户送平台自己已经创建了一个“骑手论坛”，作为为骑手提供通知和咨询的理事会，但它并非企业工人委员会）。

工会方面，荷兰工会联盟在2018年提起了两起诉讼，首要目的是确定户户送骑手是否真的是自雇人士，并决定道路运输集体协议的适用性。2019年1月15日，阿姆斯特丹一审法院裁定，集体协议确实适用，部长宣布该协议具有一般约束力，骑手工作与集体协议的定义范围条款所述的工作一致。第二个案例与Helpling相关，这是一家可注册为家庭帮工（或寻找家庭帮工）的平台。荷兰工会联盟要求承认注册者是雇员，并按照集体协议规定为其支付薪资。然而，Helpling认为应该适用《家庭个人服务监管条例》，该条例使得个人更易提供家庭服务工作，同时能防止未申报工作。该条例适用于两个个体间的雇佣合同，规制并不严格，并由工人交税。

在这两个案例中，人们可能会问，工会的目标是什么？在Helpling的例子中，要求适用集体协议可能会帮助需要家庭帮

① ECLI：NL：HR：2015：1687（Amsta）& ECLI：NL：HR：2014：3077（Enerco）.

工的个人招聘到工人从事无须申报的工作，个体之间的合同关系显然很少或者不适合规范这种工作。在户户送的例子中，目标更明确：希望让骑手获取更高的薪酬。但是回顾一下一审裁决，我们应该避免对法庭寄予厚望。

5. 工会和集体谈判

在荷兰，“从事灵活工作的员工”可以组织，甚至已经建立了自己的工会——FNV Flex。但是，该工会主要面向具有固定期限劳动合同或临时派遣合同的员工。就在最近，户户送骑手自己组建了协会，即骑手联盟（Riders Union），并得到了荷兰工会联盟的支持。但仍然不知道的是，此类联盟是否属于工会，因为根据荷兰法律，工会是雇员的协会。若骑手不属于雇员，则无权在法律意义上建立工会。

尽管如此，依据荷兰法律，确实存在将集体协议扩展到委托合同和公司合同的可能性。[①] 应该由谁来代表自雇人士尚不明确（因为这部法律颁布于 1927 年），但无论如何，代表雇员的工会可将代表自雇人士作为下一步目标纳入章程。但是，欧盟法院（Court of Justice of the EU，简称 CJEU）在荷兰工会联

① Art. 1（2）Wet cao（集体协议法）。

盟与KIEM一案中[①]裁定非雇员之间的协议不是集体协议。总而言之，即使荷兰法律具有缔结集体协议的可能性，在竞争法方面也存在问题。若自雇人士建立了一个旨在进行集体谈判的协会，那么结社自由与竞争法之间的关系又将会如何呢?

同时，在HORECA部门，荷兰工会联盟HORECA开始与自由职业者平台Temper进行谈判，以期改善该部门的工作条件。最直接的结果是，工人不必再向平台支付费用，因此其收入增加了。未来谈判的重点会关注某些集体利益，如培训权、残疾保险和第三方责任保险。值得注意的是，FNV Flex部门对此并不十分满意，因其认为Temper是一个派遣机构，应该实施行业集体协议，而非将自己仅仅当作一家平台。

结　论

目前，荷兰所有事宜均不明确。人们一致认为，目前的劳动法无法应对平台工作所带来的挑战。但除此之外，又很难找到可以解决问题的妥协之策。法官认为，单一事实无助于查清所有问题，必须考虑所有案件的确切情况。因此，法官正在呼吁立法者进行修改，但后者似乎并不知道究竟该怎么做。是

① http://curia.europa.eu/juris/liste.jsf?num=C-413/13.

应该扩展现行保护性法律，即使它不符合相关法案？还是应该接受既不是雇员也不是自由职业者的新“工人”？或者是要进行其他讨论？社会保障立法又如何应对？目前，我们仅知道问题，还不知道答案，而合理的答案就更少了。

（本部分由马斯特里赫特大学尼古拉·贡特写作，克里斯多夫·德格里斯汇编）

罗马尼亚

1. 当前形势

近几年来，罗马尼亚在 IT（信息技术，英文 information technology，简称 IT）领域经历了一个显著的发展热潮。鉴于政府大力支持该行业的发展，因此我们需要区分有较长发展历史的 IT 行业工作和平台工作。其中，平台工作是最近出现的一个新现象。

就平台工作而言，我们正在见证一些新的实践。

（1）自行车快递公司：例如 Foodora 旗下的子公司 Foodpanda，还有最近的 Glovo；

（2）微任务平台的工作者（众包工作者）：从事零活和微任务；

（3）网约车服务：优步（Uber）和 Taxify（现在更名为 Bolt），以及罗马尼亚一款名为 Clevertaxi 的应用程序，该程序仅授权出租车使用（即持有出租车牌照）；

（4）基于志愿服务交换的平台或允许用户分担成本的平台（此类平台通常不会产生任何与劳动者保护相关的问题，因此本书不予讨论）。

目前没有任何与这些工作者有关的官方统计数据，包括人数、收入、与工作报酬有关的争议、可能遭受的歧视或对工作者人格尊严的侵犯。因为众包工作者很多都是在家工作，所以他们是"隐形的"。

罗马尼亚的 IT 行业起步较早，并受到历届政府的大力支持。根据罗马尼亚国家银行统计数据[①]，该国获认证的IT专家人数在欧洲排名第一，在世界排名第六。罗马尼亚拥有逾 6.4 万名 IT 专家，其人口密度高于美国和俄罗斯。然而，他们中的很多人最初都是在家工作的伪自由职业者。与此同时，政府采取的若干措施使得该行业未申报工作的数量大大减少。

如今，IT 行业是罗马尼亚经济中最具活力的行业之一，自 1994 年起，年增长率达 40%—60%。该国是东欧第二大软件制造国，是世界第三大 IT 外包服务生产国[②]。罗马尼亚政府不断

① Grigoraș V., Tănase A. and Leonte A.（2017）罗马尼亚 IT 及电信行业发展研究。https://www.bnr.ro/Studii,-analize,-puncte-de-vedere-4009.aspx.

② www.zdnet.com.

向 IT 行业提供广泛支持，支持建造科技园、IT 设施遍布的特区，其中特区的发展得益于一项有利的关税制度。

平台工作者和 IT 专家的共同点之一就是他们经常处于不稳定的工作状况中，尽管程度有所不同。在大多数情况下，IT 专家是雇员（特别是由于上述的政府举措以及对未申报工作进行重大制裁①）。尽管他们报酬丰厚，但日工作时长经常超过 8 个小时，包括周日。尤其是在小公司，既没有集体代表，也没有任何实现工作与生活良好平衡的可能性。至于平台工作者，他们没有享受到任何具体的保护措施，这是最近才出现的一种现象，并不在政府法规 / 立法的管辖范围内。一般来说，尽管有从属工作的迹象，但是这些工作者被认为是自雇者，这实际上是大多数平台制造的一种假象（见下文）。众包工作者也自我视为自雇者。

2. 新就业和劳动形式的国内法律环境

罗马尼亚的平台工作者和在家工作的群体目前未受到立法委员、劳动监察员和工会的关注，因此未享有任何具体的保障。但是，某些最重要的法律规定也同样适用于他们：（1）医疗保

① 未申报工作将被罚款。如工资清单上未记录书面合同，每位雇员将被处以 8500 欧元（40000 列伊）的罚款。

险；（2）将其合同重新归类为雇佣合同；（3）适用于远程办公的法律保护。

2.1 罗马尼亚的社会保障体系

罗马尼亚的社会保障体系覆盖了所有公民，不论他们是雇员还是自雇者。医疗保险是强制性的（所有公民都有保险，或必须给自己投保），定期缴款且不完全以劳动收入为依据。

2017 年，罗马尼亚对社会保障体系进行了一次重大改革。自 2018 年 1 月 1 日起，社保全部由员工缴纳（除少数例外）①。他们必须向国家缴纳月收入的 10% 作为医疗保险费用，25% 为养老金费用，10% 为所得税。改革前，雇主也必须支付一部分费用，而现在他们必须支付占工资总额 2.25% 的固定缴款。这笔款项将首先被用于支付工资保障基金（以便在破产时支付工资），然后被用于支付失业保险体系、病假、产假、职业健康险与意外险②。

① 详见：https://www.etui.org/fr/Reforms-Watch/Romania/Romania-protest-against-judicial-and-fiscal-reforms.需要指出的是，罗马尼亚工会（BNS, Cartel-Alfa, CNSLR-Fratia, CSDR）和公民社会团体正在抗议这项改革（Ed.）。

② 我们亦应指出，高风险行业（如危险工作、接触噪声、酷热、有毒物质等）的雇主，须视工作环境，每月额外缴付 4%—8% 的款项。理由是，雇主必须为其雇员从事的危险工作承担经济责任。

尽管罗马尼亚政府从未清楚解释过此次改革的原因，但是改革的主要目的是严打未申报工作。雇主们不再有兴趣隐瞒雇佣合同的存在和性质。此外，自 2018 年 1 月 1 日起，任何居住在罗马尼亚的自然人均可享受医疗保险和养老基金，但必须缴纳相应的款项：工薪族的医疗保险费用为月收入的 10%，自雇者为月收入的25%[①]。某些类别的人被免除向医疗体系定期缴款的义务[②]。

改革前，只有医疗保险需工薪族和自雇者强制缴纳（不论其收入水平如何），其缴款额与收入成正比。自由职业者也可签订合同，享受养老金、失业救济金和病假、产假或照顾生病子女的假期等福利待遇。

在新社会保障体系下，平台工作者必须缴纳医疗保险和养老基金。作为自雇者，他们可以自愿投保失业保险。生育保障、产假和育儿假不仅仅限于雇员享有，每个有劳动收入的劳动者都可以享受生育保障和产假，缴纳所得税的劳动者还可以享受

① 该笔收入须超过最低保障工资（目前是 2080 列伊，约 440 欧元），其他收入（租金、财产等）也列入医疗保险缴款范围。对于那些所有活动的总收入不超过这个阈值（即 2080 列伊 ×12 个月）的人，10% 的缴款比例将降至这个阈值的接近一半（约 265 欧元）。

② 26 岁以下的学生和没有劳动收入的学徒；因政治原因，在原国家政权下受迫害的人；残疾人；孕妇；最低保障工资领取者；等等。

育儿假。

此外，自由职业者的职业健康险和意外险在改革前是自愿缴纳的。现在，它由雇主通过工资总额支付。

2.2 将工作重新划分为受薪工作的标准

平台工作者的身份各不相同。在某些情况下，他们受雇于平台，而在其他情况下，平台与服务供应者签订合同，并将其视为自由职业者。在后一种情况下，平台本身是一个匹配供需的机构，不承担任何源自雇佣关系的义务。

过去，在罗马尼亚，自雇者的社会身份被过度扭曲。至少在理论上，有超过43%的劳动力都以自雇者身份工作①。因此，立法者采用了一系列标准来确定雇佣关系的法律性质②。根据现行《税法》，若一项活动被视为自由职业，必须至少符合以下7个标准中的4个：

（1）执行工作的个人（即服务供应者）可自由选择执行工作的地点、时间和方式；

① 自雇者身份是灵活性的主要来源——欧洲议会2008年发布的《新就业形态对劳动关系和欧盟劳动法演进的影响》，VIII，10。

② 到2017年，自雇者的比例已经降到19%，但这一比例仍然是欧盟中最高的，仅次于希腊和意大利。其中37%的人表示他们别无选择——Eurofound在2017年发布的《欧盟自雇就业的调查》，卢森堡，欧盟出版署，第7页。

（2）可以为多个顾客工作；

（3）自己承担工作所固有的风险，包括财务和业务风险；

（4）使用自己的设备进行工作；

（5）按照工作的具体特点，投入体力和智力完成工作；

（6）是代表、约束、监管该职业的职业组织或协会的成员（例如律师协会）；

（7）可以独自或在员工、同事的帮助下完成工作。

若雇佣关系不符合其中至少 4 个标准，则该工作被认为是依赖性的（从属的），服务提供者将被重新划归为雇员。尽管快递骑手的例子表现出所有从属活动的迹象，符合“事实真实性”原则：执行工作的条件决定雇佣关系的性质，但某些平台还是向其工作者兜售自雇的假象。

2.3 远程办公的细则

过去，远程办公被认为是在家办公的一种形式，受《劳动法》约束[①]。但是，鉴于远程办公的具体特点，以及对远程办公人员保护不足，所以这些规定是不够的。因此，罗马尼亚政府通过了第 81/2018 号法。如今，具有雇员合法身份的平台工作者可受益于该法提供的法律保护。

① 第 108—110 条款。

有关远程办公的第81/2018号法[①]包含了对远程办公和远程办公雇员的定义（该法案仅适用于雇员）。其中，远程办公被定义为一种工作组织形式，通过这种组织形式，雇员每月至少有一天使用信息和通信技术，在雇主提供的工作场所以外定期并自愿地工作或完成其职业特有任务。只要满足一月一天的条件，就可以享受法定保障。

这种工作组织形式必须是双方自愿的，并且在雇佣合同中有体现。该法所作的规定涉及向远程办公者提供信息和工作时长记录，以及远程办公者有权根据个人意愿安排工作时间（同时也允许工作检查）和加班。此外，该法还规定需要制定相关措施，允许雇主检查远程办公者的活动和工作时间，约定双方的责任（包括工作卫生与安全方面）；保护远程办公者使用和处理个人数据；维护同事关系以及远程办公的成本（提供、安装和维修所需设备）。

为了监督有关工作期间卫生与安全规定的正确实施和报告，该法赋予雇主和主管部门进入远程办公场所的权利。在存在适用集体协议、雇佣合同或公司内部规定（视情况而定）的情况下，工会代表和当选的员工代表有权检查工作条件。如远程办公者在家办公，需事先通知并征得劳动者同意后方可进入检查。

① 2018年4月2日第296号政府公报。

由此，该法允许受薪的远程办公者享受所有法定权利，可以享受公司内部规定以及在雇主办公场所工作的同类雇员签订的集体协议。集体协议、公司内部规定或雇佣合同也可以包含远程办公的特定权利。因此，平台工作者可以从法定保护中受益，尽管这取决于他们是否具有雇员的合法身份。

3. 罗马尼亚和欧盟针对新就业形态的判例

到目前为止，罗马尼亚还没有出现关于平台工作者重新分类的法庭裁决。唯一值得一提的是克鲁日法院对优步违反竞争规则一案的非终审裁决（见下文）。除此以外，布加勒斯特市议会在行政一级通过了一项通知，禁止通过数字中介提供商业运输服务来获得报酬。该通知在行政法院受到了质疑，在公布之前，布加勒斯特市上诉法院决定暂停其申请。

克鲁日法院公布的第 1192/2018 号判决涉及被告特兰西瓦尼亚出租车运营监控协会和罗马尼亚授权运输运营商联合会（一个雇主联合会），及其对优步（SC Uber Systems Romania SRL）和一家荷兰公司 Rasier Operations BV 的诉讼。SC Uber Systems Romania SRL 是一家在罗马尼亚注册的公司，其合作伙伴为 Uber International Holding BV（99%）和 Uber International

BV。Uber International BV 持有使用该应用程序的许可证，该应用程序由加州旧金山的优步公司开发。法院驳回终止应用使用申请的原因是该应用不属于被告所有。

法院在此提到了 2017 CJEU 有关 C-434/15 一案的判决（涉案双方为精英出租车专业协会和 Uber Systems Spain SL）。根据该判决，“中介服务的目的在于，通过智能手机应用将使用自己车辆的非职业司机和希望做城市旅行的乘客联系起来，以获取报酬。这种中介服务必须被视为与运输服务有内在的联系”。因此，优步间接受到罗马尼亚出租车运输法[①]的管辖。该法禁止使用无出租车营业执照的车辆作为公共交通工具来获取报酬。克鲁日法院称，平台运作的方式不同于拼车服务。因此，该法院的结论是，优步的做法构成了不公平竞争。

4. 新就业形态与集体争议

经历了“二战”后 45 年的发展，罗马尼亚人失去了为改善工作条件而抗议的习惯。大规模的动员或罢工的缺席证明了这一点。这种文化背景可能是平台工作者没有发起重大集体争议的原因。另一个可能的解释，可以从罗马尼亚有关集体争议的

① 第 38/2000 号法，第 7 条第 2 款。

立法[①]中找到。根据法律规定，集体争议只能在集体谈判的情况下发起。然而，只有雇员超过 20 人的公司才可以进行谈判（91% 的信息通信技术公司员工人数都少于 10 人[②]）。虽然法律允许公司进行谈判，但没有双方必须达成协议的要求。如果集体谈判失败，双方可以提起集体争议。反之，调解失败后，雇员或代表工会可以发动罢工。

因为不享有雇员身份，平台工作者无法通过合法罢工行动来改善工作条件。然而，IT 专家已经在集体谈判背景下开始提起集体争议，尽管这仅限于大公司（例如 2018 年 5 月的 Elster Rometrics）。

5. 新就业形态、工会和集体谈判

与雇员地位和公司规模有关的法律阻碍也适用于集体谈

① 2011 年 5 月 10 日关于社会对话的第 62 号法。需要指出的是，这项法律是在欧洲经济危机和金融危机的背景下通过的，由于它极大地削弱了社会伙伴的作用，削减了工会的权利，因而受到了强烈批评。所有这一切都导致罗马尼亚的集体谈判覆盖率大幅下降。

（https://www.etui.org/ReformsWatch/Romania/Industrial-relations-in-Romania-background-summary）（Ed.）

② Grigoras V, Tănase A. and Leonte A.（2017）罗马尼亚 IT 及电信行业发展研究 . https://www.bnr.ro/Studii,-analize,-puncte-de-vedere-4009.aspx.

判。对于自由职业者来说，结社自由不被认可。结社自由仅限于雇员、农民和能够建立或加入工会的合作社成员。就行业中的小公司来看，大多数公司没有设立工会，也没有进行过集体谈判。

此外，在罗马尼亚，私营部门没有制定“宪章”或“行业行为准则”的传统，虽然这些做法在跨国公司很常见。所有工会都可以采取的一项策略是，告知消费者在这些平台上的工作条件，并编写良好行为手册，通过对良好行为的重视影响消费者。工会也可以以国际劳工组织第 87 号公约《结社自由和保护组织权公约》[①] 为基础组织集体谈判。根据罗马尼亚《宪法》第 20 条，该公约适用于罗马尼亚。

不幸的是，罗马尼亚工会运动没什么力量（尤其是在 IT 领域）。工会很难用后者熟悉的方法（像互联网、社交媒体等）吸引这个行业的工作者。但 Syndicat IT of Timisoara 是一个明显的例外，它成立于 2009 年，隶属阿尔卡特 - 朗讯（Alcatel-Lucent）公司，其中在 IT 部门、共享服务和外包中心工作的成员已超过 5000 名。但这主要是为大公司工作的雇员，而不是平台工作者。

---

① 该公约于 1948 年通过。这些行动可以同时依据自由结社委员会在 2012 年 3 月针对波兰政府第 2888 号案件作出的建议。

结　论

就在最近，我们看到罗马尼亚平台工作（尤其是微工作）数量激增。但这些平台工作者是“隐形”的：没有关于这一现象的官方数据，他们被立法者、劳动监察员，甚至工会所忽视。他们不享有任何具体的保障。原则上，借助2018年通过的一项法律，他们可以享受远程工作者所享有的法律保护，但条件是他们须获得雇员身份。罗马尼亚目前已经制定了标准以确定一项活动是否具有从属性，这可能让平台工作者被重新划归为雇员。而平台认为，平台工作者是自雇者，尽管这经常是基于一种错觉。快递骑手的例子揭示了从属活动的特征。然而，迄今为止，没有法院对平台工作者的重新分类作出裁决。

2017年，罗马尼亚通过了一项重要且有争议的社会保障体系改革来正式打击未申报的工作。从那时起，社会保障缴费全部由雇员支付，无一例外。对于平台工作者而言，这意味着他们必须购买医疗保险、缴纳养老基金，可以（自愿）投保失业保险。尽管有这些困难，罗马尼亚的平台工作者也没有发起大规模的动员或罢工。一种可能的解释是，罗马尼亚人没有为改善工作条件而抗议的传统。然而，最有可能的解释是，危机期间通过的有关集体争议的立法削弱了社会伙伴的作用，削减了工会的权利。但不管怎样，平台工作者都没有结社自由，不享有雇员身份。他们不可能通过合法的罢工来改善工作条件。所有工会都可以采取的一项策略是，告知消费者这些平台上的工作条件，编写良好行为手册，希冀自己对良好行为的重视可以影响消费者。

（本部分由克卢日–纳波卡的巴贝什–博利亚伊大学讲师菲利西亚·鲁伊奥鲁写作，克里斯多夫·德格里斯汇编）

西班牙

1. 当前形势

在就业复苏的背景下，西班牙数字平台行业的现状在很大程度上凸显了本国经济的各种特点。现有研究表明，西班牙人民正在相对广泛地使用上述电子化的市场，在西班牙运营的平台数量较多，目前许多平台经济的行业巨头也在西班牙。然而，西班牙严格意义上的平台工作数量仍然不多。

根据现有数据，55% 的西班牙人在 2016 年至少使用过一次网络平台。2017 年，该行业占西班牙国民生产总值的 1.4%，预计到 2025 年将达到 2% 至 2.9%。目前，约有 500 家平台经济公司在西班牙国内开展业务。平台经济影响范围较广，排首位的是商品购买和销售（30% 至 35% 人口使用），其次是旅游住宿、交通及金融。西班牙使用网络平台的排名高于欧洲平均水平（15%），在欧盟 28 国中排名也较靠前。无论从西班牙使用网络平台提供服务的人口占比来看，还是与欧盟其他国家相比（欧盟其他国家比例只有6%），西班牙通过电子商务提供商品或服务的人数都位居前列。200多万名西班牙工人从这些平台获得的收入占其总收入的很大比例（大于25%）。

约70万名西班牙工人主要从事这类工作，使该国成为欧洲平台工作人数第二多的国家。此外，研究表明，西班牙工人从事这类工作在很大程度上是因为他们没有其他就业机会，尽管他们当中很多人都拥有文凭。其后果是，此类工作并不是一项次要工作或额外收入来源，而成为个人唯一的工作。与其他国家不同，西班牙的这种情况是由于劳动力市场的严峻形势造成的，这也是为什么西班牙工人对平台工作的看法差异很大，他们主要关注的是就业质量、工作稳定性和收入水平。

与其他国家一样，西班牙也存在一个悖论：虽然平台工作对公众舆论和学术争论产生了深刻影响，但它只代表全球平台经济的一小部分。

首先，这引发了一场社会争论，平台工作被视为不稳定工作的象征，人们普遍担心经济和就业的“优步化”。

其次，这引发了一场政治争论，西班牙一些（左翼[1]）政党提出支持劳工监察措施的倡议或立法改革。一些行政机构也

① Unidos Podemos 和其他相关的区域政党，如 Compromís。

参与了这一争论，如西班牙根据2013年6月4日第3/2013号法律成立的国家市场与竞争委员会（Comisión Nacional de los Mercados y la Competencia，简称CNMC）。该机构对这些新兴服务抱有坚定的拥护立场，且反对行业中的任何限制或监管。据国家市场与竞争委员会表示，共享经济“从竞争角度来说代表着一种机会，因而增加了消费者的幸福感”。尽管如此，该委员会还就共享经济进行了公众咨询，并提出了一系列结论/建议草案，其中包括对该行业进行适当监管的框架。不出所料，这些建议引发了一场重大争论，因为该框架明显偏向于各个行业（特别是交通和度假住宿方面）的电子商务模式。

这个问题同样引起了学术界的众多关注。学者围绕此话题表达并形成了各种观点，且出版了大量专著。目前，这是一个非常热门的话题，完全超出了平台经济的实际影响范围。在相对较短的时间内[①]，关于这一话题的研究项目、科学会议及出版物数量剧增。劳工律师对平台工作感兴趣，主要是因为平台工作是深层次劳动力市场变化趋势的早期表现，而不是一种孤立的创新。迄今为止，它对工作条件具有较大的负面影响。在某

① 参见Rocha F. and de la Fuente L.（2018），面对西班牙数字化的社会对话：一个新兴又支离破碎的格局。最终报告：Fundación 1° de Mayo，Diresoc，WP1，文献综述及专家访谈。

些情况下，它还鼓励了欺诈行为。西班牙本来就非常关注不稳定的就业问题，这解释了为什么这个话题引起了西班牙国内极大的兴趣。

学术界对平台经济的关注焦点一直在变化。起初，大家关注的焦点是如何进行平台雇佣的分类这种实际问题，它们究竟是自雇还是合同式雇佣。原因是一些最著名的平台，如 Glovo 或优步，都按照自雇方式使用工人。这引发了一系列的行政和司法诉讼，劳工监察机构和劳工法院对此也作出了一些裁决。但遗憾的是，目前为止这些裁决还没有被大多数人所接受。此后，其他问题也已经提上了研究议程，特别是与集体权利和工人组织集体行动有关的问题。作为新兴的研究话题，健康及安全问题、就业中的贫困也逐渐成为研究的主题。

对西班牙平台经济发展的分析表明，该行业的发展符合西班牙经济形势的特点。对旅游业的重视推动了诸如爱彼迎临时住宿平台的出现。严格的公共交通条例是优步和其他类似平台的使用范围仍然很小的原因（巴塞罗那和其他城市监管改革后，其使用范围可能会变得更小）。西班牙近期的经济困难是销售和交换商品的电子商务平台蓬勃发展的原因。这些著名平台的使用只在几个大城市表现特别抢眼，这恰好是平台经济的又一个共同特征。

由于西班牙平台经济的出现正值劳动力市场受全球金融危机影响而呈现疲软的时期，平台很容易证明其存在合乎情理，并以它们对就业创造的贡献来反对任何监管企图。事实上，它们吸引了许多失业者将其作为主要收入来源。这在实际上反驳了平台支持非管制环境的主要论点，即它们的商业模式仅仅是学生和非专业人士赚取零花钱的机会。就西班牙而言，我们需要应对的是真正的工作和真正的工人。

Ayuntamientos del cambio（城市变革委员会，被称为“五月十五日愤怒者运动”的继承者）在西班牙两大城市马德里和巴塞罗那的出现，会对一些平台的运营产生影响，因为这些平台的运营受当地法规的约束。影响西班牙应对措施的另一个因素是总体的政治环境，特别是自 2018 年 6 月以来，桑切斯执政能力不足，对某些平台引发的问题缺乏立法措施，即使这些问题已经对公众舆论产生了影响。

2. 国家立法环境

在西班牙，没有制定专门针对平台工作的法规。西班牙劳动法一直坚持两种传统工作模式，即从属工作和非从属工作。每种工作模式都有自身的一套规则，两者之间很少或没有相通之处。最近，健康及安全法规和某些就业政策为两者奠定了些许共同基础。

从属工人是西班牙劳动法的核心主体，它影响着雇佣关系的各个方面。2015年的《工人地位法》（Workers' Statute）适用于在自然人或法人（被称为雇主或企业家）的组织和管理范围内，作为另一方自愿提供有偿服务的所有工人。

西班牙涉及自雇的法规还不完善。自雇者是指那些在没有签订劳动合同的情况下自行从事经济活动的个人，无论他们是否是雇佣员工，也无论其从事的是何种服务类型。这类工作历来与公共社会保障体系息息相关，因为自雇者有自己的社会保障项目。当然也存在两个主要的例外情况：非正规自雇者、收入达不到从属工人最低工资线的自雇者，可免除向社会保障项目缴费。此外，其他特别优惠计划涵盖了针对特定行业（如农业或海员）的另外一小部分自雇者。西班牙第20/2007号法规，即《自雇者法规》的通过，标志着针对这些工人的法律规范取得了重大进展，尽管该法规还没有为工人的工作建立一个完整的框架。在集体权利方面，自雇仍然是一种非常不完善的就业形式。

西班牙2007年的法例引入了一种新的雇佣身份：所谓的“经济依赖型自雇者”（trabajador autónomo económicamente dependiente，简称 TRADE），该雇佣身份适用于单个客户的酬金至少占工人收入 75% 的情况。西班牙引入这一概念的主要目的是为在劳动力市场上经营但在经济上处于弱势的工人提供保护。人们普遍认为，这种身份反而使虚假自雇“合法化”，并没有有效地改善他们的工作条件。这也实际引入了“辅助工作”模式，即介于从属和非从属工作之间的第三种类别。实际上，经济依赖型自雇者并不是真正的“半依赖型”自雇者，而是“100% 自雇者”。西班牙第 20/2007 号法规引入了一种新的集体协议形式，即专门适用于这些工人的“职业利益协议”（professional interest agreement），旨在规范其工作条件。集体组织可以代表经济依赖型自雇者进行此类协议的谈判。

这种自雇形式具有双重好处。一方面，许多平台都将其作为选择服务供应商的标准形式。行业中的某些雇主协会也正在推广这种模式，因为这种方法可以避免平台被认定为快递员、司机和其他电子平台服务提供者的雇主。另一方面，受其他法律体系的启发，关于这种雇佣形式的学术争论经常提及该形式可能是有效解决劳动者身份错误分类问题的方法，即在劳动力市场的两大支柱类别之间建立一个新的中间类别。因此，西班牙的劳动法相当于这类合约协议的试点。然而，到目前为止，其效果并不好。

如上所述，在处理平台工作时，西班牙立法者的传统角色已经发生了变化。西班牙议会没有推动立法，而是成为讨论平台在劳动力市场上引发各种问题的论坛。许多学术和政治争论中流传的观点已经在议会上被采纳，如提议、立法提案和其他典型文书。

在平台经济中，这种利益诉求的讨论发端于2015年，当时两个政党（社会党PSOE和新成立的中央党CIUDADANOS）的领导人就一项政府计划达成了一致意见。虽然这一政党联盟以失败告终，最终不得不重新进行选举。但有趣的是，政府计划包括了旨在改善自雇者现状的措施，特别是那些直接参与平台工作的自雇者。双方都同意“为兼职自雇者以及临时工或寻求经济补贴的劳动者制定一个社会保障缴费公式，因为这一现象在共享经济中日益普遍”。

2017年7月4日，左翼联合政府（Unidos Podemos-En comú Podem-En Marea）组成的议会向参议院提交了一项议案，呼吁政府采取措施，以控制和监管在“数字化或共享经济”中运营的企业。在这项议案中，各方对“命名不当的共享经济”非常不满，并将注意力集中于当时正在接受审查的户户送平台，主要关注的是此类做法对工人权利的负面影响。地区议会中也提出了类似的倡议：例如，左翼民族党派Compromís向巴伦西亚议会（Cortes Valencianas）提交了一项非立法性议案，呼吁国家政府应该在劳工与社会保障监察局的协助下，调查按需经济或零工经济中企业劳动用工的实践，并明确提到应该调查户户送和 Glovo。

2018 年 2 月 20 日，西班牙众议院通过了一项议案，该议案要求拉霍伊政府采取相应措施，以确保数字化经济中的良好工作条件。最终，政府通过了《个人数据保护和数字权利保护基本法》（Organic Law on the Protection of Personal Data and the Protection of Digital Rights），该法案兼具两个功能。一方面，它将欧盟关于保护自然人个人数据处理和相关数据自由流动的法律适用于西班牙[①]。另一方面，议会利用它引入了关于数字权利的新篇章，包括在地理定位或视频监控情况下能断开连接及享受相关保护的权利。作为第 3/2018 号法案，该法案于 2018 年 12 月 5 日通过，这是西班牙数字法建设的真正进步，尽管它并不包括任何关于平台工作的具体法规。

3. 劳工部

西班牙劳工部一直特别活跃，其原因在于西班牙劳工与

① 2016 年 4 月 27 日欧洲议会和理事会第 679/2016 号条例（欧盟）。

社会保障监察机构历来比较激进。这些机构有权发布官方侵权通知，并在通知或报告中（actas de la Inspección de Trabajo y Seguridad Social）指出违反社会法时的制裁建议，这些建议要接受行政法院的司法审查。

虚假自雇（Falsos Autómoos）是西班牙国内一个主要且日益严重的平台经济劳动问题。由于平台几乎被一致认为是导致这一问题的根本原因，监察员在察觉到这种广泛的欺诈行为后迅速采取了强有力的应对措施。2015 年，西班牙的劳工部第一次对此进行了干预，当时巴塞罗那市劳工与社会保障监察局认为，优步没有将其司机登记为员工，这违反了西班牙法律。当时，这家公司刚刚在西班牙运营了几个月。此次监察由某出租车司机职业协会对该公司的投诉引起。当时，优步声称网约车司机既不是员工也不是自雇者，只是普通公民将自己的车提供给其他人乘坐而已。司机本身也进行了投诉，因为他们发现自己无法像大多数出租车司机一样注册为自雇者，无法参加社会保险、履行纳税义务。当时在任的监察员认为，这些违规行为的确存在，优步司机应被视为从属工人，因为公司为他们的工作提供了智能手机，并设定了基于司机生产率的奖励制度，优步还告知司机，如果他们与法院或警方发生任何纠纷，公司会为其提供协助。

尽管没有明确的罚款，但西班牙劳工部判处优步支付未缴纳的税费及利息，以及一些额外的惩罚性费用。该公司向西班牙法院提起反对这一判决的申诉，还向欧盟委员会（European Commission）提出正式申诉，声称对它们实施的约束违反了欧盟法。

由于各方面的原因，这个案件变得很引人注目。作为所谓的平台经济的第一个法律争议，它受到了公众、媒体和法律学术界的广泛关注。它还为许多进一步的行政干预铺平了道路，行政干预普遍遵循了巴塞罗那市劳工与社会保障监察局作出的判断，所有的介入都明显支持优步司机应被归类为从属工人。此外，在巴塞罗那提起这一申诉的协会最终也成功让这个案子打到了欧洲法院（European Court of Justice），因而产生了著名的 Uber Pop（又称“人民优步”）裁决[①]。

这个案件是一个很好的案例，体现了民间组织和公共部门处理这些问题的各自立场。代表出租车司机的协会对优步司机提起了投诉，因为他们没有在适当的社会保障体制中被注册为自雇者。工会和公共行政部门均支持出租车司机的主张。相比之下，包括工会在内的所有参与者完全忽视了优步司机的利益和需求，这是“优步案”在整个欧洲的一个共同特征。

---

① ECJ C 434/15 Elite Taxi 诉 Uber Systems Spain S.L.

西班牙在对平台经济进行第一次介入后出现了许多其他介入，尤其是，巴伦西亚、巴塞罗那及马德里的劳工与社会保障监察局对户户送的反对和巴塞罗那劳工与社会保障监察局对 Take Eat Easy 的反对，后者促使该公司关闭了西班牙业务。一家作为家政服务管理平台运营的小型公司的情况也是如此，由于被证实发生了社会保障侵权行为而停业。一般而言，西班牙各地的劳工与社会保障监察局在处理这种现象时表现得非常尽职，激进主义的倾向非常明显。

西班牙《2018—2020 年劳工与社会保障监察局战略计划》（Strategic Plan for the Labour and Social Security Inspectorate 2018—2020）强调了这一现象对劳工部的重要性，为了避免就业欺诈[①]，该计划将平台工作管制列为优先事项。该战略计划由西班牙首相马里亚诺·拉霍伊（Mariano Rajoy）领导下的保守党政府最终通过。2018 年 6 月，拉霍伊被佩德罗·桑切斯（Pedro Sánchez）弹劾下台。社会党政府的首批举措之一便是提出体面劳动总计划，其中包括与平台工作直接相关的广泛措施，该文件第 6 章致力于“处理工作供应的新模式”，得到了地区政府和自雇工人组织的认可。与总计划的其余部分一样，该章包括问题诊断以及解决问题所采取的具体措施列表。

① 第 88 行——“通过互联网平台开展的活动”。

该章的问题诊断的出发点是信息和通信技术对劳动关系的影响。平台工作是技术变革产生的新就业形态中与信息和通信技术最相关的表现形式之一。该文件指出，在各新就业形态的庇护下，不规范的用工方式以何种方式产生，劳工与社会保障监察局就需要采取何种行动遏制这种行为。这些不规范做法的后果之一是平台雇佣人员就业不稳定。这种影响发生在所有类型的工人身上，增加了在职贫困的风险，也可能会产生其他负面影响，如破坏了现有的商业结构，增加了虚假自雇。不过，与平台工作相关的更严重的风险是非正规或地下经济带来的风险，即创造可超出社会保障体系范围的服务。

基于这个诊断，总规划提出了几项新措施，避免或至少降低这些风险的发生率，包括三项主要措施：（1）向劳工与社会保障监察局提供技术手段，识别出数字平台和电子商务中的各种数据；（2）制定行动指南，帮助行政人员更好地开展工作，并为他们提供专业化培训；（3）开展针对平台和电子商务的各种监察活动。

4. 国家判例法

迄今为止，尽管法院的裁决正在迅速增长，且其倾向也在不断变化，但西班牙关于平台工作的判例法却少之又少。如前所述，社会的第一反应仅仅是行政方面的。现在情况发生了变化，行政法院开始研究平台对劳工与社会保障监察局征收的罚款或其他制裁提出的申诉。与此同时，劳工法院已开始对平台员工提起的个人诉讼进行裁决，这些员工都来自外卖配送行业，且大多数员工是在被禁止从事平台工作之后才提起诉讼的。在某些情况下，争议是因为从业者强烈渴望得到更好的条件。在所有情况下，所讨论的平台都将他们视为自雇者。原告认为这种禁止等同于解雇，这意味着劳工法院必须首先评估平台工人和关联公司之间劳务提供合同的真实性。

到目前为止，西班牙社会法院已进行了5次裁决，所产生的判决受到了很多关注。有趣的是，这些案件有相似性，都涉及在跨国外卖配送平台上工作的骑手，但被告公司各不相同。其中有两组案件，对在同一公司工作的骑手，两家法院作出了不同裁决。5个案件的裁决如下：

（1）巴伦西亚社会法院于2018年6月1日作出的第6号判决，判定户户送骑手是受薪工人。这一判决强制公司恢复或赔偿被解雇工人。

（2）马德里社会法院于2018年9月3日作出的第39号判决，对涉及户户送案件作出裁决。裁决结果是，户户送骑手是自雇者。

（3）巴塞罗那社会法院于 2018 年 5 月 29 日作出的第 11 号判决，判定为 Take Eat Easy 工作的骑手所提供的服务是从属性的，而不是自主性的。

（4）马德里社会法院于 2018 年 9 月 3 日作出的第 39 号判决，判定 Glovo 骑手是自雇者。

（5）马德里社会法院于 2019 年 2 月 11 日作出的第 33 号判决，判定 Glovo 骑手为受薪雇员[①]。

考虑到雇佣形式的复杂情况，这些裁决的差异并不令人惊讶。它体现了平台适应西班牙立法的能力，它们会根据这些最初的裁决改变做法，形成自身的法律战略。当然，西班牙司法机构的组成多种多样，法官有不同的背景，情感也各不相同，这是需要考虑的又一个因素。另外，西班牙工会非常善于利用策略，将诉讼作为工具，向平台运营商施加集体性的压力，以维护雇员权益。

总体而言，西班牙平台劳动争议的处理情况非常糟糕，到目前为止裁决数量出人意料的低，只有少量法院作出判决且均来自一审法院，没有来自上诉法院的判决。如果要最高法院作

---

① 在这一情况下，法院判定，骑手因为参与集体行动而被解雇，这意味着解雇被视为是歧视性的，因此是无效的。

出裁决，仍需要一到两年的时间，我们需要着手制定针对这些问题具有法律约束力的判例法。缺乏对这种雇佣形式最具争议性方面的最终判例法，是引发法律主体之间激烈争论的一个主要原因。

以下几个原因可以解释为什么西班牙法院对这些问题的裁决会如此之少。

一方面，平台是西班牙劳动力市场上一个相对较新的现象，这就导致法院没有足够的时间更积极地进行干预[①]。巴伦西亚、巴塞罗那和马德里的劳工法院对这些诉讼的判决至今悬而未决。因此，许多骑手与平台达成庭外和解后撤诉了。无论如何，这些平台希望避免裁决可能会产生的任何不利风险：这可能会对公众舆论产生负面影响，损害它们的声誉和形象，且可能产生“连锁反应”，促使其他处于类似情况的工人都起诉。任何不利的裁决都有可能产生一个不利于它们利益的判例法。

另一方面，（不稳定的）工人达成庭外和解获得的赔偿高于在法庭上获胜所获得的赔偿，这是因为在案件审判中，平台有能力聘用在国家劳工实践中最著名的律师事务所为其进行辩护。

所有这些因素都是促成庭外和解的原因。这种现象非常普

① 值得一提的是，由于就业危机导致诉讼案件急剧增加，劳动法院工作正面临与之相关的资源匮乏。

遍，以至于一些工会决定自己提起诉讼，而不是支持会员的个人诉讼，以确保法院能作出真正的判决。

5. 集体争议

西班牙在集体争议方面出现了三个主要的争议领域[①]。

第一个争议是在“反中产阶级化”和“旅游恐惧症”背景下，大城市的民宿短租平台，如爱彼迎（Airbnb），存在许多监管问题。在巴塞罗那，市政府通过了几项开创性法规，为这一活动制定了一些规则。该争议一直备受瞩目，但从劳动关系的角度来看，人们对此几乎不感兴趣。

第二个争议涉及出租车行业与优步及 Cabify 等其他平台。这些公司最初的运营没有法律依据，现在开始使用名为“载客专车”的营业许可证（简称 VTC），这是交通法规中的新事物，至今颁发的数量不多。这种许可证如果颁发得太多，无疑会给当地的交通运营带来严重问题。在没有提供任何实际解决方案的情况下，国家政府将监管权移交给了地方当局。2019 年初，争端爆发后，马德里和巴塞罗那在气氛非常紧张的背景下发生

① 也存在其他纠纷，例如，城际巴士公司与 Blablacar 之间的纠纷，但其没有那么重要。

了大规模罢工（对平台司机施加暴力，毁坏了他们的车辆）。在马德里，地方政府驳回了出租车司机的大多数请求，导致之后发起的罢工没有获得任何实质性利益。相比之下，巴塞罗那地方当局颁布了一项法规，使租用优步等服务变得更加复杂，以满足出租车司机的呼声。后来，这两个平台不断受到周期性的攻击，最终它们停止了在巴塞罗那的运营。让人费解的是，在大多数情况下，两地的司机不是自雇者，而是持有 VTC 营业许可证，拥有车辆所有权的受雇于平台的公司雇员。因此，这些运输公司不得不解雇大量司机。这些被解雇司机转而又组织成立了协会，在巴塞罗那街头集体示威，表达其想要得到解决方案的诉求。自雇司机也加入了这一动议[①]。此外，持有VTC营业许可证的公司和平台发起了一场反对地方法规的法律战，如果取得成功，可能会给地方当局带来极其严重的经济后果。

第三个争议，从劳动关系的角度来看是最引人关注的，涉及在巴伦西亚为户户送工作的骑手。该公司的许多骑手决定组织起来，起诉公司，以获得更好的工作条件。起初，他们都被普遍聘用为自雇者，后来被聘为经济依赖型自雇者。尽管受到

① 平台和运输公司利用公众舆论，在工人罢工期间进行大量宣传活动，几乎把城市和公民当作人质，威胁其放弃和停止服务。大规模解雇的威胁也有助于动员员工向政府当局施加压力，在某种程度上，它们采取了一种非典型停工，这种行动在欧洲几十年来的劳动关系中几乎没有出现过。

来自工人、行政部门和法院的压力，该平台仍坚持反对将他们视为雇员。

骑手们创立了 RidersXDerechos[①] 平台，并开始尝试与平台进行集体谈判。户户送中断了程序连接，拒绝甚至“解雇”了最活跃的领导者（声称完全是因为技术原因）。随后，RidersXDerechos 发起了其他行动，如公众宣传活动、在社交网络上发帖、罢工运动、向劳工与社会保障监察局投诉，支持被解雇员工对公司提起诉讼。他们从一个规模小但很活跃的巴伦西亚少数派工会那里得到了战略及法律援助。事态发展到最后，起初并没有参与的主要工会也加入进来，并开始积极介入。这场骑手运动很快蔓延至其他平台和城市，使这场争议在全国范围内展开。

该争议有三个方面值得注意：（1）这种雇佣形式的新颖性与劳动关系传统模式之间的对比；（2）与劳工行动的传统阶段（抱怨、起诉、组织、公认、压力和谈判）的对比，体现了一种传统工会主义已经过时的普遍趋势，即便传统工会主义还没有消亡；（3）罕见的“认知冲突”，户户送不承认 RidersXDerechos 的工人代表身份。欧洲大陆的劳动法已经禁止这类争议出现，因为工会法为集体谈判制定了合法性规则，公

① 他们避免使用工会的名称，因为不想与管理工会的法律制度捆绑在一起。

司有义务只与被视为具有法律代表性的工会进行谈判。

平台采用了“工会回避”策略，通过对工人直接施压和单方面改善工人个人工作条件，避免任何集体行动。同时，它们提出将雇佣身份从自雇者改为经济依赖型自雇者，为工人提供一些好处。但是这种策略收效甚微，因为骑手们仍然是一个非常活跃且积极的群体。

6. 工会和集体谈判

6.1　自下而上的新组织

最值得注意的自下而上的新组织的案例是 RidersXDerechos，它不是作为工会而是作为骑手“平台”而建立的。优步和 Cabify 司机也创建了自己的协会，吸收了一些受雇于平台经济其他行业的工人。在“户户送争议”中，骑手没有寻求传统工会（劳动者委员会和劳动总同盟）的帮助，而是自发行动创建了集体组织。必要时，他们会寻求 CGT、CNT 和 Intersindical Valenciana 等小型工会的支持。此外，骑手还能够依赖其他国家相同平台的相关协会。依靠技术协助，高水平的国际合作已成为可能。

6.2 传统工会

最具代表性的全国性工会——劳动者委员会和劳动总同盟也参与其中，利用其资源和专业知识改善该行业的工作条件，并公开谴责不良做法。它们的参与对于获得与政府和公共当局接触的机会至关重要。不过，它们完全没有使用传统的代表渠道，如工作委员会。尽管工会作出了努力，但平台工作者仍未签署集体协议，也没有达成任何包括平台工作者特定分类的行业协议或任何三边协议（将地方当局包括在内，仿效一些意大利城市的规制模式）。平台工作完全被排除在集体谈判之外。相比之下，技术的使用已成为普遍现象，包括维护骑手权利的门户网站。例如，劳动总同盟于 2017 年创建了一个在线门户网站，以帮助虚拟工作者对平台提出索赔："Your Union Response Now"是集信息、建议、索赔、组织和投诉为一体的渠道，也是平台工作者的一种参与手段[①]。

6.3 工会和司法行为

工会还利用自身权力向劳工与社会保障监察局提交投诉，并支持骑手在劳工法院对其平台提起个人诉讼。在一个案件中，

① http://www.turespuestasindical.es.

工会利用了“集体争议程序”（proceso de conflicto colectivo），该程序被专门用于处理许多工人的诉讼，由此产生的法院裁决适用于未来可能发生的所有类似案件。2018 年 8 月，劳动总同盟决定不再插手工人向劳工与社会保障监察局提起的投诉，也不再协助有关集体争议的个人诉讼，如起诉 Glovo 平台。该案件是国家高等法院[①]第一次对虚假自雇作出的裁决，这对当前局势的潜在影响巨大。

6.4 工会化

一些行动采取了更传统的策略，以便在这些平台之间创建工会组织。但是，由于工人代表选举的监管框架问题，此举面临着一个法律问题。根据《工人地位法》（Wokers’ Statute），私营部门的工作场所代表有两个可选机构：工人代表团和工人委员会。这种模式只适用于大型工作场所，不适用于平台等公司。虽然工会组织更加灵活，但在劳动力工作轮换高度频繁和地理位置非常分散的公司中可能难以立足。

① 尽管其名称和管辖权遍布整个西班牙，但国家高等法院是一审法院，没有权力产生具有约束力的判例；不过其权力仍然很大，其判决直接由最高法院下达，能够快速产生具有约束力的判例。

6.5 游说

工会广泛采取游说策略来影响政党和公众，让它们支持工人在这些新兴市场的利益。与某些政党的传统联盟向来是有用的，而且一些新联盟也会对工会的需求特别积极。这一点可以解释为什么会有如此多的议会倡议被启动，使平台工作成为西班牙劳动关系中的一个主要问题。该战略瞄准了各个层面，所有行政部门或多或少都参与其中。代表工会的行政机构，如（国家、区域和当地）社会经济委员会或区域劳动关系委员会，也一直非常积极地准备关于这一专题的声明、宣言和其他文件。

6.6 《加泰罗尼亚跨行业协议（2018—2020年）》模式

到目前为止，最引人注目的当属2018年7月24日签订的《加泰罗尼亚跨行业协议（2018—2020年）》（Acuerdo Interprofesional de Cataluña，简称AIC）。该协议涵盖了加泰罗尼亚自治区的地理范围，目的在于规范加泰罗尼亚的集体谈判。《加泰罗尼亚跨行业协议（2018—2020年）》由最具代表性的工会和企业组织签署，其中包含一个平台工作[①]章节，包括下列两个不同领域的

① AIC围绕《共享经济跨部门委员会报告（2017年）》开始讨论，其中社会伙伴表示有必要加强其存在感，以提高其代表劳动人民、专业人员和就业平台的能力，

提案：平台工作的法律性质和对平台工作者集体权利的承认。

关于通过数字平台提供服务的法律性质，AIC 指出：“早期司法判决……声明平台和服务供应商之间大体上存在雇佣关系……”；以及“欧洲缺乏针对数字平台的具体法规，导致了适用法律的不确定性，尤其是涉及公司总部与服务供应处于不同国家的劳动关系案件。我们认为，我们必须使用服务供应所在国家的劳动法规（即工人所在的位置），而不是平台的注册地址”。

关于工人的集体权利，该协议包括几项声明，主要涉及平台工作者的地域分配及其可能对集体权利产生的影响（代表制度、结社自由和集体谈判）。AIC 签署人声明，“为了选出工人的法律代表，必须研究或调整促进工人之间联系的沟通机制”。他们同意“在劳动关系委员会内设立一个技术委员会，以便在法律规定的范围内和社会利益相关者的权力范围内，分析这一领域的具体案例”。

安达卢西亚劳动关系委员会也起草了一系列关于集体协议的建议，包括这些协议应如何处理平台经济产生的问题。不出所料，这些倡议缺乏平台企业的支持。这些平台坚持认为必须采取一种完全不同的模式，声称任何监管都会限制它们的活

讨论涉及集体谈判和专业利益协议，并赋予新协议反映新经济现实的最新内容。

动，阻碍其对就业的积极影响。

6.7 其他倡议

2018 年 7 月，户户送与西班牙骑手协会（ASociación Española de Riders Mensajeros，简称 ASO）签署了第一份“职业利益协议”。这项协议与类似的支持数字服务平台的模式一致：骑手不是从属工人，而是经济依赖型自雇者；平台并不是他们的雇主，因此不承担这种身份固有的职责和义务。它们认为确实有必要为这些工人提供一些保护，而且从业者组织在一定程度上也有合理性，但仅此而已。这份协议主要是防御性的。它不是改善工作条件和实现平台与工人之间权利平衡的工具，而是为了避免使用集体协议。

这种对集体协议的抗拒体现在其他文件的产生上，这些文件在某种程度上试图填补空白。除了前面提到的户户送与 ASO 的协议之外，最相关的文件是：

（1）2018 年在加泰罗尼亚发布的《数字平台良好行为准则》，这份文件也与共享经济跨部门委员会的报告有关。

（2）Sharing España 的《良好行为准则》，该公司是共享经济行业中运营的一家集团公司。该准则内容涉及旗下成员（30 多家公司）同意遵守的 13 条准则和良好行为规范，但没有数字劳务平台签署该协议。

（3）全国领先的平台工作协会代表 Adigital 起草的《智能、创新和高质量工作宣言》。该协会致力于参与主要的游说和舆论活动，为自己采用的用工方式进行辩护。它们表达了妥协的想法，希望与政府合作处理迄今产生的问题。

结　论

在西班牙，平台工作不只存在于学生或临时工之中，还迅速在全国占据了一席之地。这主要是因为劳动力市场就业形势严峻，但也是因为旅游业的重要性（对于类似爱彼迎的平台而言）。起初，这些工人的身份争议引起了行政诉讼，劳工与社会保障监察局（监察员）发现了数起违法行为，并以妨碍社会法为由，对优步等平台实施了制裁。在最初的行政阶段之后，接踵而来的是司法阶段。虽然法院判决的数量迅速增加（已作出了 5 项重要判决），且法律原则处于持续发展中，但目前两者缺乏一致性。西班牙至今还未对平台工作者的身份问题作出明确一致的回应。虽然西班牙劳动法是以两种传统的工作方式为基础的，即受雇或自雇，但该法在 2007 年又引入了第三种身份，即经济依赖型自雇者（简称 TRADE），旨在为那些在劳动力市场上没有稳定收入的自雇者提供一定的保护，即使他们仍然是100%自雇，也可以通过谈判为其提供集体协议。

西班牙主要的集体争议涉及针对旅游平台（爱彼迎等）、出租车平台（优步、Cabify等）和送餐服务（户户送）的监管。户户送骑手创立了不属于传统工会范围的RidersXDerechos。后者在这些平台上往往缺乏传统的代表渠道，尽管它们实际上参与了集体争议的法律处理过程。它们还试图利用技术渠道（网站）来保护骑手的利益。加泰罗尼亚有一项可以作为典范的倡议：《加泰罗尼亚跨行业协议（2018—2020）》其中一个章节专门讨论了平台工作，并提出了下列两个领域的建议，即平台工作的法律性质和承认这些工人的集体权利。

（本部分由塞维利亚大学劳动与社会保障法[①]教授，普华永道高级顾问米格尔·罗德里格斯–皮尼罗·罗约编写，克里斯多夫·德格里斯汇编）

① PAIDI SEJ-322研究小组。本论文是西班牙研究部Der 2015-63701-C3-3-R资助的研究项目的成果，“Instrumentos normativos sociales ante el nuevo contexto tecnológico 3.0”。

瑞　士

1. 当前形势

1.1　理论

从社会法的角度来看，瑞士有关平台经济的法律理论并不是很完善。然而，近期这方面的研究开始取得一些进展，其研究成果主要涉及与平台工作相关的合同关系[1]。还有一些研究成果主要关于企业使用机器人对劳动法的影响[2]。

① - Cirigliano L.（2017）La numérisation, défi pour le droit du travail ?, Jusletter, 6 février 2017.

- De la Fuente S. and Fischer P.（2018）Les plateformes numériques à l'épreuve du droit du travail, Jusletter, 10 décembre 2018.

- Witzig A.（2016）L'ubérisation du monde du travail: réponses juridiques à une évolution économique, Revue de droit suisse, 135（5）, 457-483.

- Zein B.（2018）Travail par les plateformes: quelles relations contractuelles ?, AJP/PJA, 27（6）, 711-723.

② - Adler T. and Salvi M.（2017）Quand les robots arrivent: préparer le marché du

最后，我们想提一下即将出版的大型著作纲要，其中包含多学科的会议论文集（侧重于法律、社会学、工作心理学），该会议由签署人于 2018 年 2 月在纳沙泰尔大学组织召开（Révolution 4.0 et droits fondamentaux au travail - Un nouveau défi pour le droit social et le droit du travail? 工业革命 4.0 和基本劳动权利——社会和劳工立法面临的新挑战？）[①]。

1.2 当局

（1）《关于国内经济主要框架条件的报告》（CF，2017.11.1）。

（2）《数字化对就业及工作条件的影响：机遇和挑战》（2017.11.8）。

（3）民主党激进派向瑞士国会提交的 17.4087 倡议《数字社会：开展一项关于创造新工人身份的研究》。

---

travail à la numérisation, Genève, Avenir Suisse.

- Wildhaber I.（2016）Die Roboter kommen: Konsequenzen für Arbeit und Arbeitsrecht, Zeitschrift für Schweizerisches Recht, 135（1）, 315-351.

- Wildhaber I.（2017）Robotik am Arbeitsplatz: "Robo-Kollegen" und "Robo-Bosse", AJP/PJA, 26（2）, 213-224.

① Dunand J.P., Mahon P. and Witzig A.（eds.）（2019）.La révolution 4.0 au travail: une approche multidisciplinaire, Genève.

2. 国家法律环境

2.1 制度特征：联邦制和直接民主制

从制度角度来看，瑞士制度中下列两个特点会对劳动法和此处的讨论具有一定影响：（1）国家的联邦结构；（2）联邦和州存在高度的直接民主制。

关于联邦制，这首先意味着瑞士联邦中央政府只在联邦《宪法》指定的领域拥有立法权。虽然联邦政府在私人雇佣法（《宪法》第 122 条）和国家工人保护方面（《宪法》第 110 条）具有一般的立法权，但平台经济可能影响的各个行业都不在其立法权限范围之内。例如，关于出租车服务或家政服务，两者均在各州的权限范围内。因此，平台经济的各种影响未必会有统一且集中化的应对。

关于直接民主，一方面，这意味着对任何立法，无论是联邦立法还是州立法，都会举行公投，立法会受到普选的影响，而后者有时会起到阻碍作用；另一方面，公民群体，无论是联邦公民还是州公民，都可以通过一项公民动议向民众提出建议，以正式通过一项旨在规范某种情况的立法规定。迄今为止，虽然直接民主对平台经济并没有产生直接影响，但瑞士的政治体制特征表明它可以引导或约束平台经济，或促使其不断寻求达成共识的解决方案。

2.2 瑞士劳动法的来源和特征

2.2.1 立法渊源

瑞士没有劳动法典，其劳动法规分散在许多私法和公法中。主要的私法条款载于《义务法典》（CO）中专门规范劳动合同的条款（《义务法典》第319—362条）。主要的公法条款，可参见各类就业法规，这里主要涉及联邦法中关于行业就业、熟练手工业和商业的内容及相关的五项执行法规。

2.2.2 特征

瑞士劳动法具有以下三个特征：

（1）劳动法相当宽松（没有工作时间的法定限制；整个瑞士没有最低工资；可自由终止合同，不存在不正当解雇的撤回，也没有让被解雇员工复职的权利）。

（2）集体雇佣权发挥着重要的作用。具体而言，近三分之一的员工受益于集体协议条款，这些条款在许多情况下都可以提高对工人的保护和工人权利。

（3）瑞士判例法的影响力很大，经常以判决方式补充立法。

例如，瑞士判例法在确定最短/最长雇佣合同期限、待命合同、心理虐待（排挤）或奖金等方面发挥了重要作用。

3. 国家判例法

3.1　判例法总体状况

在瑞士，涵盖平台经济的判例法仍处于萌芽状态。从某种程度上看，根据上述关于联邦制的描述，最初的几个裁决都与行政法有关，一些州试图修改出租车服务法规，以限制优步（Uber）等平台，但这些做法受到瑞士联邦法院的质疑。到目前为止，所有公布的判决更多的是关于程序的问题，而与实质性问题无关。

同时，一些一审裁决与社会保障立法有关，例如，判断工人的法定分类——他是受雇者还是自雇者——这一分类在某些保险项目资格、能够享受的社会保险类型和承担缴费义务的身份等方面具有决定作用。因此，社会保障体系倾向于把在优步等平台上工作的人员分类为雇员。然而，瑞士联邦法院尚未有机会对这一问题作出裁决。

此外，据我们所知，瑞士并没有与劳动法有关的裁决。

3.2 社会保障立法现状

有一个案子曾登上了头条，尽管它尚未得到最终解决：工伤保险中优步司机的待遇问题。

瑞士国家意外保险基金（SUVA）发布了一项决定，将优步司机归类为雇员。优步向苏黎世法院提交申诉，由于程序性原因，法院部分驳回了判决，理由是：优步由两家荷兰公司组成，而这家瑞士子公司实际上并不是司机的发包商。

优步的责任问题一直是多个法律意见书的主题，具体如下：

（1）与优步司机相关的劳工和社会保障问题（Pärli Kurt，Arbeits-und sozialversicherungsrechtliche Fragen bei Uber Taxifahrer/innen）（Berne and Basle，10.6.2016）；

（2）在瑞士使用优步应用程序的司机在养老金和幸存者保险立法方面的身份（Kahil-Wolff Bettina，Statut des chauffeurs utilisant les applications Uber en Suisse au regard de la législation sur l’assurance-vieillesse et survivants）（13.3.2017）。

两位作者一致认为，区分司机是受雇还是自雇并非易事，这取决于普通标准的权重。也难怪工会认为司机是雇员（Pärli 法律意见书），而优步则认为司机是自雇者（Kahil-Wolff 法律意见书）。

4. 集体争议

4.1 工会要求

到目前为止，这些平台还没有成为任何实际集体争议的主体。尽管如此，工会仍忧心忡忡地密切关注着事态发展。由16名成员组成的瑞士工会联合会（Swiss Trade Union Federation）编制了一份关于数字化的案卷，其中包含多项要求[①]。以下是建议采取的措施：

（1）加强执行社会保障领域的法律规定，抵制数字化领域的未申报工作。

（2）全面记录工作时间并对其付酬。

（3）弥补远程工作领域的立法缺漏。

（4）保障工会权利，尤其是工会联系平台工人的权利。

（5）推广IVET及CVET。

（6）考虑到资历因素，更好地保护年龄较大的工人免遭解

---

① USS（2017）La numérisation doit servir aux salarié-e-s analyse et mesures requises（数字化必须服务于雇员：所需的分析和措施）。https://www.uss.ch/themes/economie/article/details/la-numerisation-doit-servir-aux- salariees/.

雇等[①]。

4.2 自行车快递员案例

这个案例涉及在 Notime 工作的自行车快递员所引发的争议。Notime 是一家小型初创企业，在瑞士（以德语为官方语言）的多个城市开展业务。2017 年 9 月，4000 名 Notime 骑手要求签订雇佣合同和集体协议，并要求企业支付拖欠的社会保障金。在某种程度上，他们的目的达到了。起初，公司认为他们是（虚假的）自雇者，拒绝为他们支付社会保障金，但是，自 2017 年 10 月或 2018 年 1 月 1 日起，迫于工会和社会保障局的压力，以及骑手自身的集体压力（媒体知名度高），公司被迫接受了他们的雇员身份，这意味着骑手需要签订雇佣合同，公司必须为他们缴纳社会保障金。

然而，这一案件在缴纳前几年的欠款（社会保障金、带薪休假、使用私人设备的补贴等）方面仍然存在争议，成功也是相对的，因为新雇佣合同是包含新人试用期的随时待命（零工时）合同，并需要他们放弃对过去几年的诉求。

此外，有趣的是，骑手们要求签订集体协议。他们最初计

① 参见：https://www.uss.ch/themes/economie/article/details/la-numerisation-doit-servir-aux-salariees/.

划由平台坚决拒绝与之合作的工会 UNIA 出面完成协议签订。因此，通过联合作战，骑手们至少在一定程度上实现了他们的需求。

2018 年 3 月，Notime 被瑞士公共邮政服务公司 Poste 收购，Poste 在这家初创企业的资本中持有 51% 的股份。

5. 工会和集体谈判

5.1 集体谈判 / 签订集体协议的案例

同样，自行车快递员领域的发展现状也颇为有趣。2019 年 2 月，甲方瑞士媒体和通信工会 Syndicom 与乙方雇主协会 Swissmessengerlogistic（SML）签署了第一份集体协议，即《自行车快递和城市快递服务协议》。该协议于 2019 年 5 月 1 日生效，被称为“世界第一”，协议规定了最低工资、夜间和周末派送的补贴、合理的工作时间、疾病和其他社会福利（如陪产假）。

然而，该协议只涵盖约 600 名骑手，它并不涵盖行业中的所有公司。未涵盖的主要运营商包括优步送餐服务 Uber Eats。Uber Eats 已在瑞士的几个地区开始营业，特别是那些以法语作为官方语言的地区。自相矛盾的是，Notime 不在该集体协议的涵盖范围内[①]。

5.2 国家三方委员会讨论的国际劳工组织事宜

瑞士国家三方委员会开展了深入讨论，并负责瑞士联邦与国际劳工组织之间的联络。其委托了一项经济数字化背景下的社会对话和三方合作机制研究[②]。

该研究得出的结论是，通过维持和促进行业之间的集体谈判，加强社会伙伴关系和集体协议覆盖程度，对各方都至关重要。同时，这也是让“自雇者”和非典型雇主更容易被纳入集体协议覆盖范围的好方法。

讨论后，瑞士经济部长、工会和雇主组织代表及 BIT 总负责人签署了一份宣言，即《经济数字化时代的未来工作和瑞士社会伙伴关系三方宣言》（Berne，2018.10.18）。

---

① 协议可参见：https://syndicom.ch/fileadmin/user_upload/Web/Website/GAV/28_Velokuriere/GAV_V elokuriere_f_web.pdf.

② Meier A., Pärli K. and Seiler Z.（2018）Le futur du dialogue social et du tripartisme dans le contexte de la digitalisation de l’économie: étude établie sur mandat de la Commission nationale tripartite pour les affaires de l’OIT. https://www.isdc.ch/media/1600/23- dialogue_social_digitalisation_final_fr.pdf.

结　论

在瑞士，经济数字化造成的社会影响和立法争议主要涉及平台经济中的合同关系、使用机器人对劳动法的影响以及第四次工业革命背景下的基本劳工权利。瑞士的某些体制特征，特别是瑞士联邦和各州之间的权力分工，以及直接民主的主要功能，都增加了争议的复杂性。关于平台经济，最初的法庭裁决与行政法、社会保障法息息相关。像其他地方一样，工人被归类为受雇者或自雇者，决定了其社会保险的资格、保护类型或缴费身份。然而，瑞士联邦法院尚未有机会对这一问题作出裁决。

虽然 USS 已经提出了一系列与数字化有关的要求，包括提出对数字化工作的控制和进一步加强相关工人的保护，但迄今为止，瑞士还未发生过真正意义上的集体争议。此外，Syndicom 与 Swissmessengerlogistic 签署了首份集体协议，但该协议并未涵盖该行业的所有公司。无论如何，政府官员和社会伙伴都越来越意识到有必要加强社会伙伴关系和提高集体协议所涵盖的工人比例，以及有必要做更多工作，将“自雇者”和非典型工人也纳入其范围内。与其他国家一样，这些讨论也涉及在雇员和自雇者之间建立新中间身份的时机。然而，政府似乎行事谨慎，在对立法作出任何修改前，更强调对事态发展进行仔细的分析。

［本部分由纳沙泰尔大学教授、工作关系研究中心联合负责人（CERT）[1]珍·菲利普·杜南和帕斯卡尔·马翁编写］

① www.unine.ch/cert. @jp_dunand；@MahonPascal.

英　国

1. 当前形势

在“平台资本主义”这一广泛术语下出现的工作，与英国一系列工业实践技术平行发展。在过去 30 年左右的时间里，通过放松管制，将非典型工作模式正常化，英国自雇者工作激增，劳动力市场日趋灵活。[①] 最近出现的所谓零工经济（gig economy），可谓其中的典范。零工经济招募工人完成零散任务，任务的最终用户可能不尽相同，他们之间也不具有单一、包罗一切的契约关系。[②] 此类工作在英国激增，尤其是在部分

① Davies P. and Freedland M.R.（2007）Towards a flexible labour market: labour legislation and regulation since the 1990s, Oxford, Oxford University Press.

② De Stefano V.（2015-2016）The rise of the ‘just-in-time workforce’: on-demand work, crowdwork, and labor protection in the ‘gig-economy’, Comparative Labor Law Journal, 37（3），471-504.

行业和群体，特别是年轻工人中。[1]

平台可以定义为利用数据和地理位置等技术将不同群体连接起来的数字应用程序或系统，是零工经济中出现的一个独立现象。例如，脸书（Facebook）等社交媒体网络以平台为基础提供服务，连接了用户及广告商，但没有改变现有的工作模式。同样，此类平台也可以在企业内部使用，用于分配工作、联络客户，对雇员的雇佣身份或保护也无显著影响。然而，通常认为零工工作和平台具有固定联系，英国许多新的零工工作主要是借助平台而出现的。特别是，这些过程带来了大量不同的业务模式，将工作功能外部化，破坏了公司统一的愿景和工人的身份。但是，应谨慎判断其真正的影响，因为新兴工作形式不仅在性质上极为异质，而且与数字经济和信息技术的各个方面相互作用的方式也多种多样。

尽管存在复杂性，但从管理、经济、法律或社会学的角度来看，新兴工作形式受到的关注越来越多。英国有大量的通俗文章和学术文献都致力于讨论人工智能、数字经济、算法和更广泛意义上的未来工作等问题，[2] 然而，对此并没有明确概念或

① Prassl J.（2018）Humans as a service: the promise and perils of work in the gig economy, Oxford, Oxford University Press.

② Susskind R. and Susskind D.（2015）The future of the professions: how technology will transform the work of human experts, Oxford, Oxford University Press; de S.

概念分类，此类概念往往借用了国际文献，或在文献中就事论事地提出。政策的反应极其缓慢，英国政府和立法机构都采取了典型的“务实”做法。

现实中，关于平台经济的劳动法相关问题的政策讨论充其量也只是泛泛之谈。近年来，出现了与“零工时合同”相关的大量讨论[①]，其术语含混不清，无确切的法律意义，可解释为一种合同安排，其中任何一方均无（或几乎无）正式义务提供或接受工作。有越来越多的此类安排通过类似于平台的方式进行，这意味着在平台工作中，有很多关于“非正规”或“非正式”劳动力和劳动力市场“灵活性”的讨论。令人惊讶的是，对于平台和信息技术的使用给劳动力市场与雇佣关系带来的显著变化，尚无具体的政府或立法回应。

2017 年，英国保守党政府发布了所谓的《泰勒评论》(Taylor Review)[②]，这是一份关于未来工作及其监管的报告和系列建议。

Cameron N.M. (2017) Will robots take your job? A plea for consensus, Malden, Polity Press.

① Adams A. et al. (2015) ‘Zero-Hours Contracts’ in the United Kingdom: regulating casualwork, or legitimating precarity?, Giornale di diritto del lavoro e di relazioni industriali, 148, 529-553.

② Taylor M. (2017) Good work: the Taylor report on modern working practices. https://assets.publishing.service.gov.uk/government/uploads/system/uploads/attachment_data/file/627671/good-work-taylor-review-modern-working-practices-rg.pdf.

报告并没有明确关注平台资本主义本身，也没有涉及使用这些平台所产生的技术问题，而是将平台工作作为现代工作实践的中心案例，围绕平台的中心地位进行评论，提出了许多建议。该报告强调，由于缺乏明确背景，难以对此类技术安排下的工作者进行法律分类。报告提出了一些尖锐的建议，如不再需要亲自提供工作以获得就业保护，以及基于“控制”的核心概念，用新的“从属承包商”取代现有的“工人”类别。总体来说，报告主张英国在面对新兴工业实践和工作形式时应该继续保持“实用主义”态度。《泰勒评论》在广泛意义上认可了平台经济的新做法及其为企业和工人提供的“灵活性”，并鼓励采用此类模式，包括那些完全不属于劳动法适用范围的模式，只要此类模式是当事人的真正“选择”。但迄今为止，很少有立法改革执行此类建议，也很少有立法明确甚至间接处理基于平台的工作模式。因此，劳动法、工业惯例和此类新技术之间的关系仍然由现有的法律框架进行解释，受其适用性支配。

2. 国家法律框架

雇佣法适用范围的“入口”问题是根本问题，几乎所有劳动法都是如此。从历史上看，分类基本上是经典的二元法，即分为劳动法所涵盖的关系和不属于劳动法范围的关系。[①] 近几十年来，一系列“同心圆”保护政策打破了这种二元划分，政策将劳动法的各部分扩展到了更大范围的劳动者。[②] 因此，必须通过现代劳动法体系复杂多样的几何结构来理解平台经济的出现和通过此类平台进行的众包工作。

由于立法者并未介入平台工作，也没有为此设立特殊类别或覆盖范围，因此必须在新背景下理解劳动法的类别。这符合英国劳动法的一般做法，普通法一直是雇佣合同的传统“守门人”，规范着雇佣合同的意义甚至内容，雇佣合同进而又决定了法定的保护。我们还将在这之后的内容中讨论法院如何在法律框架范围内，应对劳动力市场中出现的平台资本主义。

普通法的服务合同或雇佣合同，是英国劳动法体系核心监管的基本单位。这是普通法的基石，劳动法一般都建立在此基础上。事实上，1996 年《就业权利法案》（Employment Rights Act，简称 ERA）的第 230 条第 1 款，在个人就业保护的综合目录中定义了“雇员”，将之视为“已经开始或在……雇佣合同下工作的个体”，而根据第 230 条第 2 款“服务合同”中的定

① Freedland M.（2003）The personal employment contract, Oxford, Oxford University Press.

② Brodie D.（2005）Employees, workers and the self-Employed, Industrial Law Journal, 34（3）, 253-260.

义，“雇员”只是一个普通法的概念。一般认为，普通法应继续为确认是否存在雇佣关系制订适当的标准。[①]同大多数其他法律体系一样，它通过多因素来衡量工作关系的特点。然而，在英国普通法中，这一过程有两个重要特征。第一，它密切关注当事各方之间的合同义务，而不是社会或经济关系。第二，无论其他因素是否存在，确认服务合同一般必须具备某些必要标准，这意味着不仅仅要权衡整体情况。

服务合同源于英美侵权行为法中的替代责任原则。雇主必须对雇员“受雇期间”所采取的行动负责。因此，此类事情的基本出发点是“控制”，即雇主是否对他人的工作有足够的控制。[②]然而，在过去半个世纪左右的时间里，英国法院制定了一套更为复杂的因素来确定雇佣身份。在锐迪混凝土公司案件的判决中[③]，麦肯纳·J（McKenna J）将其简化为一个由三部分组成的著名测试，即以工作换取报酬、控制以及不存在与雇佣合同不符的合同条款。其他判例法确定了其他重要因素，例如

---

① Bales K. et al.（2018）‘Voice’ and ‘choice’ in modern working practices: problems with the Taylor Review, Industrial Law Journal, 47（1）, 46-75.

② Performing Right Society Ltd v Mitchell and Booker（Palais de Danse）Ltd [1924] 1 KB 762; Mersey Docks and Harbour Board v Coggins and Griffiths（Liverpool）Ltd [1947] AC 1, [1946] 2 All ER 345, HL.

③ Ready Mixed Concrete（South East）Ltd v Minister of Pensions and National Insurance [1969] 2 QB 173, [1968] 3 All ER 732.

工人承担的业务风险水平和融入企业的程度，但并不存在绝对重要的因素。[①]

普通法后来确定了另外两项核心要求，在确认是否存在服务合同时，两个条件都是必需的。第一，必须存在“相互义务”，即雇主有提供工作的义务，雇员有接受工作的相关义务[②]。第二，存在个人工作义务，这意味着工人寻找替代者的有效“替代条款”与雇员身份不符[③]。这些方面特别表明，英国法律传统上主要关注合同的内容及正式义务。但正如下面将要讨论的，这些法律近年来也发生了微妙的变化。

下列因素使得平台在雇佣身份认定方面存在问题：此类工作安排呈现出外部化趋势、科斯式公司的碎片化、零工时经济的“随意”性，这些都意味着平台工作合同一般具有几个与雇佣合同不相符的特征。然而，近年来，英国法院一直倾向于超越书面合同中的措辞，考虑合同当事人真正的预期，这些预期可能不同于正式记录，因为在正式记录中双方的议价能力可能不平衡。虽然这并不背离英国法律本身所采用的“契约”方法，但肯定是一种语境的“软化”，以反映契约义务的社会现

① Hall(Inspector of Taxes)v Lorimer [1994] ICR 218, [1994] IRLR 171, CA.

② O'Kelly v Trusthouse Forte plc [1983] ICR 728, [1983] IRLR 369, CA; Wickens v Champion Employment [1984] ICR 365, EAT.

③ Express & Echo Publications Ltd v Tanton [1999] ICR 693, [1999] IRLR 367, CA.

实性。[①] 正如下面将要讨论的，这对平台工作模式的司法处理具有重要的潜在意义。

传统上，不属于雇佣合同工作关系范围的个人，根据“服务合同”，自动被视为独立承包商，因此完全不受劳动法保护。但中间类别的出现，打破了这种二元对立。这类合同不像雇佣合同一样仅仅发挥单一的雇佣监管框架的作用，但这类合同关注的这类个体或者关系被认为值得适用雇佣法律的某些方面，否则，他们将被排除在法律之外。

最重要的中间类别是“工人”（worker），1996 年 ERA 第 230 条第 3 款将其定义为：根据雇佣合同或“个人承诺的任何其他合同”工作的个体……个体为合同的另一方承担（完成）工作或服务，其地位并非根据个人从事的职业、业务客户或客户合同而定。事实上，该类别由来已久，已在工会立法中被使用了数十年。然而，该类别在 20 世纪 90 年代末开始发挥其“同心圆”作用，确保雇佣法覆盖面更广，在当时成为个人权利范围的基础，例如国家最低工资和工作时间及休假权利的相关保障。同样，《歧视法》[②] 使用了更广泛的定义来确定其覆盖范围，即雇佣合同或“个人工作合同”（a contract of personally to do

① Autoclenz Ltd v Belcher [2011] UKSC 41.

② 2010 年《平等法》第 83 条第 2 款。

work）。二者定义虽然表面上不同，但人们普遍认为其具有相同含义。

然而，关于这一问题的判例法却相对缺乏启发性。指导性的权威判决源于 Mirror Group 诉 Gunning 的案例①，认为“私人的服务”必须是合同的重要或主要目的，尽管在随后的判例法中对此作为唯一标准提出了质疑②。在涉及《歧视法》的 Jivraj 一案中③，英国最高法院认为，“主要目的”并不充分，因为该定义理应符合欧盟的相关法律，即所谓的私人性（当然，根据欧盟法院判例，欧盟本身也发展出一套工人应该具有“自主性”的定义）；合同双方只有服务是不够的，在相互关系中还必须存在从属关系，而不是完全独立提供服务。这一裁决在劳动法学者中引发了巨大争议④，因为它似乎对中间类别实行与雇员类似的“控制”要求。

与目前大多数司法管辖区一样，劳动法的适用范围问题也是英国激烈辩论的主题。在很多方面，由于平台经济的挑战，

---

① [1986] ICR 145, [1986] IRLR 27, CA.

② James v Redcats（Brands）Ltd [2007] icr1006, [2007] IRLR 296, EAT.

③ Jivraj v Hashwani [2011] ICR 1004, [2011] IRLR 827, SC.

④ Freedland M. and Kountouris N.（2012）Employment equality and personal work relations: a critique of Jivraj v Hashwani, Industrial Law Journal, 41（1）, 56-66; MCCrudden C.（2012）Two views of subordination: the personal scope of Employment Discrimination Law in Jivraj v Hashwani, Industrial Law Journal, 41（1）, 30-55.

讨论变得更加紧迫。一些有影响力的学者提出，许多形式的平台工作可以而且应该被现有的雇佣法所涵盖，或者可以重新设定雇佣法的范畴。最具影响力的方法之一是对雇主身份采取“职能”法，即谁行使了雇主的哪些职能，则与这些职能相关的法律责任便归属于谁。① 然而，在确定现有标准对新情况的适用性时，此类激进的想法与法院目前对自身职能的理解并不一致。此外，关于雇主身份分类碎片化的问题将危及劳动法监管和适用范围的统一，实际上正是雇佣关系和类似的概念建构将劳动法统一在一起。② 以下部分我们将讨论英国法院如何回应近期有关零工工作和平台经济的案件。

3. 法律案例

由于未就零工工作和平台经济实践进行立法干预，因此，英国劳动法适用范围也未进行立法修改。近年来，法院只能通

① Prassl J. (2015) The concept of the employer, Oxford, Oxford University Press; Prassl J. and Risak M. (2016) Uber, Taskrabbit, and Co.: platforms as employers? Rethinking the legal analysis of crowdwork, Comparative Labor Law and Policy Journal, 37, 619.

② Mason L. (2019) Le salarié-actionnaire en droit anglais: l’ histoire d’ un échec législatif, in Mazuyer E. (ed.) La place des salariés dans l’ entreprise, Paris, Mare et Martin.

过应用现有的类别和概念，对平台经济的出现作出回应。这样做的优点是具有灵活性，也可以充分分析案件的具体情况，但目前的分类法和法律理解不适用于新兴的工作实践，这也是其明显的风险。然而，最重要的是，虽然现有的判例法很重要，但在每一种情况下，都必须将其理解为对个案中合同和经济安排的就事论事。

由于判例法并未产生或建议新的雇佣关系分类，对于平台经济或更广泛的领域而言，判例法应被理解为仅是现有类别的普遍应用的潜在指南。若其他平台的合同或工作安排在很大程度上与案件中考虑的安排有所不同，则无法保证其能以相同的方式作出判决。在平台经济中，合同安排经常发生改变，因此，在作出判决时，其判决可能已经过时，对有关公司来说也是如此。各方都很重视此类事项上的合同义务，在英国更是如此。在大多数平台工作安排中，公司的工作都有一定程度的“外部化”，其特点是合同尝试将工作描述为“独立承包商”，或平台作为代理撮合工人与最终用户之间的合同关系。但现有的判例法均质疑此类自我标签的做法是否可行。

近年来，与平台就业相关的三个主要案例都与“工人身份”有关，即通过工作而获得有限就业保护的中间类型。

第一个案例是 Pimlico Plumbers[①]，其与平台经济无直接联系，但由于被提交至英国最高法院，影响力极大。案例涉及的问题是，一名能够选择接受或拒绝管道公司工作的水管工，是否应受《工作时间条例》的保护。该公司坚称其合同条款中规定了工人在某些有限情况下可以安排其他人代替自己工作，因此不能被视为是私人提供的工作合同。法院对此并不认同，法院认为在此类情况下，应考虑尽管存在有限条件下的替代条款，但合同的主要目的仍由个人履行。在此案例中，英国最高法院认为存在这种主要目的。该案例具有重要意义，因其创造了一种可能性——若作出了这样的合同安排，平台工作便能成为传统雇佣法类别的一部分。该具体案件未考虑该工人是否也可能是雇员，因为当事人双方都没有义务提供或接受工作。未来的案例中，如果目的是在平台经济背景下对该争议进行规范，则可能会考虑合同条款的“现实性”条款，因为在平台经济中，拒绝工作往往会受到算法上的制裁。然而，截至目前，英国尚未出现此类情况。

第二个案例与平台经济范式更直接相关，案情涉及在优步平台上工作的司机的身份问题。[②] 在这起案件中，两名优步司

① Pimlico Plumbers Ltd and another v Smith [2018] UKSC 29.

② Uber BV 诉 Aslam [2018] EWCA Civ 2748.

机声称，他们应该被归为工人，应该有权享受国家最低工资和带薪假期的保障。上诉法院多数意见认为，根据当时适用的合同条款，司机确实是工人。值得注意的是，法院认为，即使在合同中有明确措辞把司机归类为“个体经营者”，但如果合同交易的实际情况没有反映这一点，那么这一措辞根本无关紧要。法院批准了一审判决，认为优步使用的合同是一种狡辩，未反映公司和司机之间存在的现实工作关系。更重要的是，法院发现原告对它们所履行的工作条款并无发言权，而且此项工作要求必须亲自履行。法院未详细考虑平台运作的具体细节，维持了一审判决。值得注意的是，一审判决中一项重要意见已被广泛引用。优步曾试图借助合同文件，并在合同中表明，所有司机实际上都是独立企业家，优步只是为其提供乘客的定位信息。但是就业法院发现，关于优步的该案件及其所依据的书面条款与实际情况并不相符。如果把优步想象成伦敦市连接 3 万家小型企业的共同“平台”，这听起来似乎有些荒诞[①]。在这一判决附带的推理中，我们开始看到对平台经济的判决及其与劳动法的相互作用。事实上，平台能够根据大致相同的条款和工作条件，协调司机并分配工作，给人的感受是在为最终用户提供运输服务，这些情况实际上本身就是非常有力的证据，证明它们

① 第 90 段。

与司机之间存在“工人”类别下所涵盖的雇佣关系。今后此类安排是否也可能被视为全面的就业合同还有待观察，但平台的协调职能也可以被理解为进行了必要的控制。然而，在许多此类案件中，由于缺乏相互义务，从业人员似乎没有被认定为雇员身份。但是，裁决中尤其关注司机若不接受非连续的工作任务，会在工作分配中受到平台惩罚，但是现实中关于司机缺勤的问题越来越引发质疑，这将是未来判决应该重点关注的情况。同样值得注意的是，针对优步的判决，上诉法院法官 Underhill LJ 持反对态度。他认为该案件涉及在零工经济中通过平台对工人进行适当保护的问题，这本是政府和立法者的责任。因此，他拒绝案件中多数人意见，即透过合同条款审查条款内容。

第三个案例与外卖平台户户送有关[1]。在该案例中，英国中央仲裁委员会（Central Arbitration Committee，CAC）正在回应请求，要求承认骑手参加工会的法律地位。获得这一权利的前提是，骑手必须证明自己是工人。英国中央仲裁委员会认为，他们并非工人而是自雇者，因为事实上户户送骑手不必亲自完成服务，他们拥有自由的权利，可在交付服务中使用替代

---

① 英国独立工人联合会（Independent Workers' Union of Great Britain，简称 IGWB）和 RooFoods Limited TA / 户户送，中央仲裁委员会，2017 年 11 月 14 日［TUR1 / 985（2016）］。

者。英国中央仲裁委员会特别指出，一些骑手利用这一合同权利，将交付服务分包给其他骑手，并从中收取部分费用。这是英国中央仲裁委员会而非法院的裁决，不会成为具有约束力的先例。然而，它确实表明，在平台工作实例中，雇佣法的一般原则可能会以完全不同的方式，应用于不同的平台及组织分配工作的方法中。

虽然本判例法受到了极大的关注，且在各方面都具有重要意义，但在此背景下，这仍然是一个非常有限的司法推理样本，特别是考虑到平台经济中工作的异质性。在某种程度上，司法上对平台工作性质的看法会被所提案件的偶然情况影响。许多问题尚未得到明确处理，特别是平台工作是否属于雇佣合同，以及从雇佣法的角度看，在不同情况下，平台及其运作方式会产生何种结果。同样，算法在平台工作分配和工作报酬中可能存在的歧视问题，目前尚无任何案例。

4. 产业行动和集体谈判

传统观点认为，英国劳动法体系采用了一种“集体自由放任”的意识形态，即在不受法律干预的情况下，对雇佣条款进行集体监管。[①] 基于此观点，平台工作的集体监管应该完全取决于平台工作人员对公司施加的社会压力。然而，在现实中，问题要复杂得多，因为法律在促成与框定集体行动和集体谈判方面，发挥着至关重要的建设性作用。对于平台工作者来说，尚不清楚法律上是否允许其组织起来并进行集体谈判。同样，人们也不清楚应如何从劳动法角度对平台工作者进行分类。越来越多的证据表明，在零工经济中，无论是在现有工会组织内部，还是在新组织内部，工人们逐渐开始组织起来。最值得注意的是，英国独立工人工会（Independent Workers' Union of Great Britain，简称 IWGB）一直在组织零工经济工人，并策划了多种形式的劳工行动，帮助他们将案件提交到法院和英国中央仲裁委员会。

然而，此类团体参与有效集体行动和谈判的能力深受质疑。上文提到的《泰勒评论》，在很大程度上忽视了平台工人需要集体代表的现实情况，指出年轻工人中工会会员较少。目前尚不清楚的是，现行法律是否允许平台工作者在所有情况下都能参与此类过程。上述涉及户户送骑手的案件，在提交到英国中

① Kahn-Freund O.（1954）The legal framework, in Flanders A. and Clegg H.A.（ed.）The system of industrial relations in Great Britain: its history, law and institutions, Oxford, B. Blackwell, 42-127.

央仲裁委员会之前，该案件关注的是骑手是否有能力迫使公司承认英国独立工人工会有权代表他们进行集体谈判[①]，结果发现骑手实际上不是工人，这意味着工会不能依赖这一程序。因此，工会集体谈判的地位，将取决于届时对工人的法律分类这一反复无常的问题。考虑到工人或雇员的身份至少在某种程度上是谈判的结果，上述方法是有问题的，因其否定了工人首先通过集体谈判确定其身份，然后再寻求改进工作安排的可能性。此外，还存在采取集体行动的合法性问题。根据英国和欧洲法律，如果平台工作者是独立承包商，即个体经营者，那么并不清楚其能否从罢工权中获益。众所周知，英国劳动法历来不存在独立的罢工权。若个体行动是为了解决贸易争端，即工人与雇主关于雇佣有关事项存在争端，则工会自身享受复杂的豁免制度[②]。若无豁免，工会通常要对自身的侵权行为负责，鉴于许多平台工作者是独立承包商，工会可能要对他们的经济侵权行为负责。同样，考虑到平台工作者可能经常不在雇佣法范围之内，似乎不会自动落在 CJEU 之前 Albany[③] 案设立的“禁区”内，该案件涉及把《竞争法》应用于集体行动和集体协议之中。

① Schedule A1,《工会与劳工关系（合并）法》[TULR（C）A], 1992 年。

② 《工会与劳工关系（合并）法》第 244 条第 1 款, 1992。

③ C-67/96 Albany International BV v Stichting Bedrijfspensioenfonds Textielindustrie [1999] ECR I-5751.

近期的 FNV Kunsten[①] 案例似乎表明，自雇者不享有 Albany 案提供的保护。涉及工人罢工和平台工作者集体谈判的合法性问题，在英国法庭上尚未得到审理。有趣的是，《泰勒评论》确实在该方面提出了一个具体的建议，即在公司中扩大了解信息和进行咨询的程序性权利，该权利目前只适用于雇员，而且要求大量先决条件，且只适用于大中型公司。尽管这不会解决本节所讨论的劳工行动和集体谈判这一一般性问题，但可能会间接促进对平台经济进行更全面的集体管制，而此类管制目前几乎完全不存在。

结　论

与大多数国家一样，平台经济的出现在实践和知识层面都为英国劳动法带来了非常具体的挑战。然而，挑战与发展同时出现，其中一些与数字经济和技术有关，而另一些则与劳动力市场的灵活化和再就业趋势有关。平台经济带来了严重的问题，因其同时导致了许多问题。在某种程度上，英国劳动法的应对反映了该国过去 40 年来就业政策的特点：普遍接受工业变革并有选择地放开对劳动力市场各部分的管制。立法者反应冷淡，

① C-413/13 FNV Kunsten Informatie en Media ECLI:EU:C:2014:2215.

法院开始发挥其在雇佣法中的传统作用，这些作用在过去也许被低估了：继续发展服务合同的核心要求，用以界定劳动法的适用范围和核心原则。考虑到平台经济的异质性，这种更为宽泛的方法可能会比在单一定义中界定新工作形式更为合适，因为单一定义将很快被不断发展的行业实践所超越。目前的分类是否能够适用于新兴的资本主义模式还有待观察：当前的趋势是否会继续下去，将取决于法官的灵活度。平台工作者自身对此过程的影响能力在某种程度上也取决于这些问题。虽然社会动员和工业行动取决于社会权力和组织，但谈判和采取集体行动的法律能力将极大地改善工人及工会在此方面的前景。英国仍然对工作的集体监管持反对态度，更不用说在平台经济中实施集体监管了。

（本部分由伯明翰城市大学卢克·梅森编写）

美　国

1. 当前形势[①]

1.1　平台现象

平台工作者在美国工作人口中仅占较小比例（估计在 5% 至 15% 之间）。他们中将近 80% 从事非全日制工作，甚至一个月只工作几小时。但是，这种工作形式正在逐步改变美国的经济结构。受金融危机及其他因素影响，非典型工作急剧增加，许多小公司不断涌现（俗称“1099 碎屑”[②]），这实际上意味着全日制

① 关于平台经济的美国法律学说的产生用几行字难以概括。接下来我们将看到一些我们认为具有重大意义的文章。

② 这一俗称来自美国报税使用的“1099 报表”。该报表主要用于上报来自非雇主支付的收入，包括支付给独立承包商的款项、租赁财产收入、利息收入、股息收入、销售收入和其他杂项收入。译者注：一般来说，雇员使用 W-2 报表报税。独立合同工则使用“1099 报表”报税。从法律身份来看，很多小公司从业者以独立合同工为主，因此被称为“1099 碎屑”，意指其原子化的非雇员身份。

就业的衰退。一般来说，经济衰退后再次复苏之时，这种曲线会出现逆转。然而，进入21世纪以后，美国经济已经逐渐复苏，但全日制就业的比例却并未增加，“1099碎屑”仍在扩大。上述现象源于经济平台化趋势愈演愈烈，这标志着经济结构的重大转变[①]。

我们该如何描述这种平台化现象呢？在2016年发表的一篇文章里，朱莉亚·托马塞蒂（Julia Tomassetti）审视了优步的运作模式[②]。与许多其他提供工作的数字平台一样，优步坚持认为：数字平台使用中立的、单纯的算法，比起整合式与集中化的企业，平台更能反映理想市场的运作情况，因此比上述企业更适应市场结构。

但由于种种原因，持这样的观点的仍是少数。首先，在某种程度上，平台与企业的运作方式类似，即试图垄断信息而非释放信息。其次，算法设计的初衷并不是让市场能够自由运作，而只是承担了经理的角色（命令和控制）。最后，由于工作的执行是生产方案的一部分，所以平台始终对其保有控制。根据托马塞蒂的说法，平台的出现并不意味着传统商业模式的

---

① 值得强调的是，美国劳工统计局最近发表的一项研究表明，尽管存在不足之处，但超过82%的美国独立承包商更倾向于维持现状，而非受薪就业。

② Tomassetti J.（2016）Does Uber redefine the firm? The post-industrial corporation and advanced information technology, Hostra Labor & Employment Law Journal, 34（1）, 1-78.

消逝，只不过说明企业可以逐渐脱离公司的形式而存在。

1.2 对数字平台的规制

在科特诉来福车（Cotter v Lyft，2015）的集体诉讼案中[①]，法官说过一句著名的话：“向陪审团询问‘平台工作者究竟属于自雇者还是雇员’这种问题，就像给了他们一个方钉，却要他们从两个圆孔中选择合适的一个。”所有观察员都认为，平台工作形式不符合传统的就业范式，因为当事双方都没有提供工作的共同义务。但是，由于平台的高度控制属性，人们难以将相关工作者视为真正的自雇者。因此，鉴于许多平台工作者不稳定的情况，现状有待改善。

我们需不需要将他们重新归类为雇员呢？许多人认为这条路是行不通的，因为这会劝退大部分参与者，无异于在扼杀平台经济。另外，这也不符合部分工作者追求的工作灵活性，许多平台的商业模式可能会因此瓦解，也可能对顾客失去吸引力。鉴于上述因素，再归类的做法并不合适。

另一种选择是，定义第三类就业身份（第三类）。这是奥巴马政府中塞思·哈里斯（Seth Harris）和艾伦·克鲁格（Alan

① 集体诉讼是指允许多数人因遭受损害而起诉企业或公共机构的集体性诉讼，其最大的优势在于集合了个人诉讼。

Krueger）给出的提议。他们建议设定一种雇员和自雇者之间的概念，即“独立工作者”（independent worker）[①]。这些人在保有自雇者身份的同时，也享有雇员的部分权利。他们有权在《国家劳动关系法》（NLRA）[②]之外进行集体谈判，还能享受平等保护以及某些社会福利，但不享受加班工资或最低工资。这种选择在政治上是否现实呢？目前看还不是时候，因为它需要彻底改革美国劳动法的结构。但是，鉴于美国经济仍在不断演变，所以从长远来看，它可能会成为一种可行的选择。

在全面解决方案出台之前，可以先采用临时方案，即将只有雇员才能享有的反垄断法豁免权延伸到平台工作者群体。此举能够赋予其组织工会、进行集体谈判、采取集体行动的权利[③]。目前，自雇者群体组织工会的任何尝试，都属于反垄断法的适用范畴。如果立法者比较被动且近期不会出台任何判例，那么集体压力手段的解禁就可以成为平台工作者的杠杆，由此，他们便能够基于平台建立一种更尊重自己权利的商业模式。

---

① Harris S. and Krueger A.（2015）A proposal for modernizing labor laws for twenty-first century work: the ‘independent worker’, Discussion Paper 2015-10, Washington DC, The Hamilton Project. http://www.hamiltonproject.org/papers/modernizing_labor_laws_for_twenty_first_century_work_independent_worker.

② 定义私营部门工人工会权利的联邦法律。

③ Lao M.（2018）Workers in the ‘gig economy’: the case for extending the antitrust labor exemption, UC Davis Law Review, 51（4）, 1543-1587.

2. 法律环境

2010年，优步在旧金山正式推出相关服务，而后迅速扩张到全美国乃至全世界。自那以后，服务业中的许多行业纷纷效仿其商业模式。但即使现在，针对这种现象，法律上也没有系统一致的回应。在接下来的部分中，我们将研究当前对新就业形态以及美国体制、法律和政治结构具有潜在影响力的管理机构，讨论这些管理机构为什么会阻碍当前正在出现的一系列立法。

2.1 联邦政府层面

在美国，联邦政府仅具有国际和州际贸易等主权职能。这些职权便是所谓的“显性”权力。但是，如果联邦政府能够证明社会保护立法对其履行主权职能是必需的，也能制定劳动和社会保护立法（“隐形”权力）。防止州际贸易中的社会竞争便是其中的一个例子。在联邦政府层面，国会对“法规”或“法案”进行投票，在许多时候，政府还会建立特定的行政机构来监督其实施①。

① 例如，国家劳工关系委员会（NLRB）采用了《国家劳动关系法》（NLRA）的规定。

如果下述法律的适用范畴扩大，或者平台工作者被归类为雇员，那么这些法规有可能改善他们的工作条件，其包括联邦保险税法规（《联邦保险税法》）、联邦失业税法规（《联邦失业税法》）、劳动关系法规（雇员的集体权利相关法规）、公平工作条件方面的法规（《公平劳动标准法》）、有关养老金和工资保障制度的法规、反歧视法规及残疾人法规等。但这些法律都仅适用于雇员，不适用于独立承包人。

值得注意的是，为确定法律的适用范围，这些法规通常都包含精确的“雇员”[①]定义。对于欧洲法律专家而言可能有些惊讶，在责任纠纷方面，个人可以根据普通法制度的雇主责任原则（让雇主承担责任）被重新归类为雇员，但却不享有最低工资保障或集体权利。例如，纽约的一些优步司机已被重新归类为雇员，享有失业后的各种权利，但却并不享受其他雇员权利[②]。然而，部分法规也可能会将非独立承包人（即平台工作者）甚至享有部分权利的中间身份者囊括进“雇员”概念。但鉴于当前政府的亲商政策，上述假设很难成为现实。

① 有时会以一种非常迂回的方式进行表述：“雇员是为雇主工作的人。”

② 纽约州失业保险上诉委员会处理的优步科技诉N.Salk案件，案例编号016-23858，2018年7月12日。

2.2 州政府层面

虽然美国联邦政府具有一般性职权，但各州仍保留部分职权并在州层面享有广泛的劳动立法权。州级法规或标准一般不会与联邦法规相互矛盾，有时还具备改善的作用①。

从一开始，美国内华达等州便试图封禁优步或来福车等数字就业平台。但后来，它们屈服于巨大的政治和商业压力。因为这些平台刺激了商业的发展，美国大多数州都希望从中获利。在美国，如果某种工作形式涉及对劳动法的创新和颠覆，简单地反对它在政治上具有很大的复杂性。

因此，对于彼此竞争以吸引商机的美国各州而言，它们并没有解决平台工作者不稳定情况的政治意愿。加利福尼亚州是美国社会权利方面最进步的州，但这主要是因为它是美国经济上最具吸引力的州之一（假设该州独立，将成为世界第六大经济体）。

2.3 市级层面的法规环境

城市对迁移率、住房和当地配送等具有监管权力，所以它

① 例如，加利福尼亚州有自己的《劳动法》。华盛顿州通过了一项《最低工资法》，将最低工资定为 15 美元，并需支付加班费。

有责任解决当地涉及上述领域的纠纷。同样的，城市也是平台纠纷的高发区，因为平台通常在人口密集的地区开设分公司。解决纠纷的目的在于从当地不同利益之间找到平衡点（出租车与共享汽车；优步与来福车；旅馆与爱彼迎；等等）。这可以通过所谓的条例来实现。这些条例可以设定平台的操作要求，例如职业保险、保障、司机背景检查、司机待客地点限制或者工作时长限制（一天最多 12 小时）。

但是，不同城市回旋余地的大小取决于它所在的州。最进步的州往往把辖内的城市作为试验台（如加利福尼亚州、华盛顿州等），允许其采取提高最低工资等措施，而较为保守的州则将辖内城市的进步因素视为一种危险。

值得注意的是，在优步和来福车尚未延及的地区，许多城市正在与这些平台进行协商，希望合法引进平台，并开设分公司。当休斯敦（得克萨斯州）要求对强奸和性暴力案件的潜在司机进行指纹识别时，优步选择退出该城市的市场。只有当休斯敦取消指纹识别的法律要求后，优步才重回该城市。

这些城市关心的并不是这些工作形式该如何合法分类，而是如何用最少的法规来确保安全服务并使服务遵循现有法规，同时尽力确保平台不关闭分公司。

总之，鉴于美国目前的政治、法律和体制情况，成立保护平台工作者的一般立法并不现实。平台商业模式本身并没有在政治上受到质疑。受到质疑的是，平台模式带来了新的工作形式，而现有的法律框架并不适用。因此，在无法解决这些基本问题的情况下，需要依次处理各项问题。

3. 美国涉及数字平台的判例法

迄今为止，雇主责任原则在美国已经多次被尝试使用，但未能提供任何启示：

（1）Liu 诉优步案，2014 年 1 月 27 日。6 岁女孩在旧金山被优步司机撞倒身亡。该案件引起媒体大量关注，最终以庭外和解方式结案。

（2）Phillips 诉 Uber tech 案，2017 年 6 月 14 日。两名顾客在纽约遭优步司机殴打。法院没有正面解决这个问题，给出的大致说法是：司机袭击顾客的行为不受雇主控制，不应由雇主负责，所以司机归类问题无关紧要。

（3）此外，还有数百起诉讼涉及优步司机侵犯女性乘客[①]。

---

① 例如："CNN 调查：103 名被指控性侵犯或性虐待的优步司机"，https://money.cnn.com/2018/04/30/technology/uber-driver-sexual-assault/index.html?sr=fbCNN043018uber-driver-sexual-assault0544PMStory.

依据女性与平台签订的服务合同条款，几乎所有案件都被规定应该以个人方式进行仲裁。2017 年，9 名女性提起集体诉讼，但优步请法官要求她们依合同条款将案件提交给个人仲裁，法官将其判定为未决案件。

3.1 再归类判决

美国有若干测试可被用以区分工作者是独立承包人还是雇员。美国各州均使用上述测试，它们之间有一定的相似度，有时也存在关键的差别。如在加利福尼亚州，如果工作者能给出向承包商提供服务的表面证供，那么他将享受雇员权利。这样一来，举证压力便转移到了承包商一方，即承包商要提供证据来证明该工作者不属于雇员。博雷罗案[①]（Borello）确立了一系列标准，法官在已知承包人作为委托人并有权掌控工作执行的前提下，可以借鉴这些标准。博雷罗测试（Borello test）会分析下列因素：

（1）服务提供者是否从事与委托人不同的职业或业务。

（2）该工作是否属于委托人或被控雇主的常规业务。

（3）委托人或工作者是否为工作人员提供工具和场所。

（4）被控雇员为完成任务或雇佣帮手在所需设备或材料上

① S.G Borello & Sons, 1989.

投入了多少资金。

（5）提供的服务是否需要特殊技能。

（6）该工作通常在委托人指导下完成还是在无监督条件下由专家完成，属于哪种职业类别。

（7）依据被控雇员的管理技能，其获利或亏损的机会如何。

（8）提供服务所需时长。

（9）工作关系的持久程度。

（10）按时长还是工作量付款。

（11）当事方是否认为他们正在建立雇主—雇员关系。

（12）最后，在工作成果和工作方式层面，接受服务的人（雇主或委托人）是否拥有控制权或控制工作者的权利。

法官会根据上述标准，考虑整体情况，从而确定工作者的身份。

3.2 支持再归类的判决

在 2015 年 6 月 16 日贝里克（B. Barbara Berwick）诉 Uber Tech 案中（加利福尼亚州劳工处，一审），行政裁决应用博雷罗测试重新分类了工作者身份。法官裁定，鉴于优步负责招募工作者，确保妥善提供服务、招揽顾客并为客户派遣工作者，所以优步对相关服务享有全面控制权。另外，司机提供的服务是运输平台常规业务的一部分。同样，平台也控制工作所需的设备（车辆类型和GPS访问）以及服务质量（星级）。司机薪酬不由顾客直接支付。事实上，顾客向平台付款，而后平台以其设定的费率向司机付款。此外，该服务无须特殊技能，并且不会出现“司机因其管理技能而获利或亏损”的情况。因此，依据加利福尼亚劳工法，贝里克被重新归类为雇员。然而，该判决并未产生后续影响，因此几乎是个孤例（该工作者是少数几个不受个人仲裁条款影响的个人之一）。

2018年7月12日，纽约州失业保险办公室上诉庭发布了类似于贝里克诉Uber Tech的判决，该判决使用了“控制权”测试，维持了一审判决。在审查了平台的运作方式后，法官给出了说明：优步的技术界面基本可以取代管理职能，即控制工作者的工作方式。通过平台的评级系统、GPS监控和关键信息控制（获取顾客的联系方式、选定的目的地），工作者受到等同于雇员的必要控制。

3.3 反对再归类的判决

2018年2月8日，美国加利福尼亚州北区联邦地区法院对劳森诉Grubhub公司案（Lawson v Grubhub Inc.）进行判决时，也应用了博雷罗测试（Grubhub公司提供类似于户户送的送餐服务）。然而，虽然程序上更倾向于将当事人归为雇员身份，法官却没有进行再归类。法官认为，Grubhub 平台几乎无法控制工作的执行情况，相关方甚至能在未完成服务的情况下欺骗系统，从而获得报酬。平台的控制只关乎服务结果，不关乎执行方式。因此，服务过程可被视为由自雇者而非雇员完成。此外，劳森先生未连接到平台上，也违反了合同条款，因而被取消资格。这是由于未履约而单方终止合同的行为，主要的控制标准并未得到满足，所以根本不能承认存在雇佣合同。合同没有要求穿制服，最重要的是，劳森先生只是偶尔来平台工作，二者之间的关系并不是永久性的。唯一能支持再归类的标准是：劳森先生所做的工作与平台的主要业务相同，且工作不需要任何特殊技能。权衡上述所有方面，法官得出结论，该工作者不属于雇员。

2018 年 4 月 11 日，美国宾夕法尼亚州东区联邦地区法院对 Razak 诉 Uber Techs 案作出判决。该案涉及优步的豪华轿车服务分支（UberBlack）。该案使用的测试与之前有一定的区别。与加利福尼亚州法律相比，首要区别便是该案假设双方之间不存在雇佣关系。因此，平台工作者需要进行举证。该案使用多诺万测试（Donovan），这个测试是基于与“经济现实”相关的六个因素。确定工作者是否为雇员的六个因素如下：

（1）所谓的雇主对工作执行方式享有多大程度的控制权。对于法官来说，UberBlack所实施的控制有助于保护乘客安全，而不是对工作执行方式的控制。

（2）所谓的雇员获利或亏损的机会取决于其管理技能。豪华轿车司机可以在多个平台上工作，有时甚至可以同时工作。他们可以自己做广告，拓展业务。

（3）所谓的雇员为完成任务或雇佣帮手而需要在设备或生产资料上投资。雇员拥有豪华轿车，可以独立于优步使用。

（4）提供的服务是否需要特殊技能。由于驾驶不是一项特殊技能，因此这将成为支持重新分类的一个标准。

（5）工作关系的持久度。相关雇员根据其利益偶尔在几个不同的平台上工作，有时甚至会独立工作。

（6）所提供的服务是否构成了被指控雇主业务的组成部分。这里的论点再次支持重新分类，因为优步在没有司机的情况下无法运作。

以上因素，有四个方面支持将雇员分类为独立承包商，两个方面支持重新分类。因此，法官认为，鉴于整体情况，以及经济现实测试中没有任何因素是具有决定性的，原告无法证明他们是雇员。

我们可以得出结论，美国的判例法在很大程度上取决于相关事实（在许多情况下是个案裁决），也取决于审理案件的州。

4. 新雇佣形式和集体争议

在美国，工人们经常诉诸集体争议，即集体提起诉讼。然而，尽管目的是使工人能够集中资源，实现与雇主权力的平衡，但这种形式的争议是往往被美国制度中相当普遍的仲裁条款所破坏，即使这种破坏并不是系统性破坏。

科特诉来福车案（Cotter v Lyft），2015 年 3 月 11 日（法官 Chhabria），加利福尼亚州北部地区。为来福车平台工作的几名司机提起集体诉讼，经历了无数曲折后，最终达成了 2700 万美元的和解费。在 2015 年 3 月 11 日的裁决中，法官拒绝裁定司机是否应该被认定为雇员，因为他无法做出决定。与将集体争议提交陪审团审判相比，来福车更倾向于达成和解协议。法官批准进行和解[①]，尽管他解释说这并不完美，并且没有解决来福车司机是否是雇员的问题。然而，鉴于相关司机的期望，这构成了“合理”的结果。法官拒绝批准协议中旨在禁止司机未来对来福车提出索赔的规定。因此，大胆的司机可能还会不顾和解协议，选择将来福车告上法庭，尽管他知道在实践中，胜

① 科特诉来福车，2017 年 3 月 16 日。

诉的概率会大大下降。

奥康纳诉优步案（O’Connor v Uber），第14-16078号（第9巡回法庭，2018年）。这起案件是优步司机提起的集体诉讼，寄托了他们所有的希望，在加利福尼亚州和马萨诸塞州尤为如此。该诉讼于2013年提起，在经历了许多法律曲折之后，于2018年突然结案。法官再次拒绝做出决定，因为平台工作者的处境太难判断，因此他无法单独做出决定，需要陪审团作出裁决。而集体诉讼的范围不断扩大，越来越多的司机正在加入其中。优步试图通过在2013年和2014年加入仲裁条款来限制可能带来的损失，但一审法官认为这些条款不合理。法官最初反对系统地验证这些仲裁条款的做法，但两次撤销决定结束了这种反对[①]。由于这两次撤销，法官考虑到司机在2013年和2014年签署的仲裁条款是有效的，因此在2018年9月25日[②]的判决中撤销了其裁决。这意味着，绝大多数签署了仲裁条款的司机如果想要挑战他们与平台签署的合同内容，现在必须诉诸个人仲裁。仲裁总是会导致保密条款的产生，这意味着除非出现程序上的问题，否则这起个人诉讼将会被严格保密。

---

① 穆罕默德诉优步科技公司案，上诉法院：第9巡回法庭，2016年；Epic Systems公司诉美国Lewis案，2018年。

② 奥康纳诉优步案，2018年9月25日，上诉法院：第9巡回法庭（上诉）。

其他支持仲裁条款[①]的裁决表明，由平台工作者提起的集体诉讼无法回答这些工作形式所牵扯出的问题，还会常常被仲裁条款或和解协议所扼杀，从而回避了对这些基本法律问题作出实质性裁决。此外，同样重要的是，我们应该意识到，仲裁会对这些工人造成严重后果，因为他们发现自己要与强大的雇主对抗，并且有时会面临负担不起法律费用的风险。此外，保密条款禁止公布此类案件的结果。

5. 新雇佣形式、工会和集体谈判

考虑到1947年的《塔夫脱-哈特利法案》（Taft-Hartley Act）明确将独立承包商排除在《国家劳动关系法》（NLRA）范围之外，美国平台工作者组建工会的问题应该并不是美国法律中的主题。然而，一些旨在让这些工人组织起来，甚至是进行集体谈判的举措正在为辩论注入新活力。

5.1 组织平台工作者的障碍

为了遵循其先进传统，西雅图于2015年12月14日颁布了一项条例，其结构与《国家劳动关系法》类似。条例旨在

① 拉穆尔诉优步案，美国佛罗里达州地方法院迈阿密分部，2017年3月1日。

允许借助数字平台进行工作的独立承包商与平台就集体协议进行协商。该条例规定，要想成立工会，“实体”必须首先要求西雅图市财政与行政服务主管允许其成为“合格司机代表”（QDR）。一旦该请求得到批准，QDR 必须通知相关平台其代表司机的意图。反之，平台必须向 QDR 提供司机名单及联系方式。如果平台的大多数司机表示希望由 QDR 代表，则行政部门将认证其为“独家司机代表”（EDR），使 EDR 成为认证发言人，以协商汽车安全、安全驾驶、工作时间和薪酬等。

如果各方达成协议，则须提交协议内容由行政部门批准。只有在后者批准后，协议才能生效（如果没有得到批准，则将协议草案连同所附建议一起发回各方）。如未达成协议，该条例提供诉诸仲裁的渠道。

该条例无法满足各方的利益诉求，已在联邦法院受到质疑。美国商会以及优步和来福车决定挑战西雅图市，称其违反了关于集体权利的联邦立法（NLRA）和 1890 年《谢尔曼法》(《反垄断法》)，该法案禁止不当竞争行为。一审法官不同意来福车和优步的意见，但第 9 巡回法庭于 2018 年 2 月 5 日推翻了这一裁决，认为该条例没有侵犯 NLRA 的管辖领域，但违反了《反垄断法》。

有趣的是，1914 年美国国会明确批准了反垄断原则的一个例外，允许员工集体协商工资。其支撑论点是，工作不是商品或交易物品，因此不应从市场的角度来考虑（1914 年《克莱顿法案》）。但这一例外不适用于独立承包商：任何有关其价格的协议都将被视为控制价格，即卡特尔。虽然美国各州有一定的回旋余地，允许员工出于普遍利益原因从《反垄断法》的例外中受益，但也存在限制。法院认为，这里不满足要求例外的条件。

西雅图市的倡议因此陷入了僵局。然而，这并不意味着该倡议一定会失败。但如果继续坚持这一法理，则需要调整州立法。

5.2 组织工会的其他形式

鉴于平台工作者或更广泛意义上的自雇者的集体组织存在法律真空，这一群体已经提出了许多倡议，希望自己能在传统渠道之外拥有发言权。尽管不允许他们就改善工作条件进行集体谈判，但至少在一定程度上，这些发言权可能会对平台施加压力以改善工作条件。

例如，自由职业者联盟组织了 20 多万名自雇者。该联盟没有就集体协议进行谈判，甚至未被平台认可为自雇者的发言人。但该联盟确实为其成员提供了一系列的福利和服务，包括参加医疗保险。该联盟还进行了各种游说，如针对税收问题进行的游说。

另一个扮演类似角色的团体是“工作美国”（Working America），这是一个积极争取最低工资的游说团体。它隶属“劳联—产联”（AFL-CIO），是美国最大的非工会工人组织，拥有 320 万名成员。

独立优步协会（IUG），是一个自由职业司机协会，由机械师工会[①]的当地分支机构于 2016 年在纽约成立。在过去，该协会一直致力于捍卫纽约司机的利益（拥有超过 6.5 万名成员）。其目标是代表成员进行集体谈判，采取公开行动。该协会支持优步司机，但只要这些司机不被联邦法院承认为雇员，就不会组织他们成立工会。因此，其目标是在不诉诸传统工会方法的情况下，改善司机、平台、用户和政府当局之间的关系。一群被视为成员代表的司机每月与优步会面一次，讨论工作条件问题。他们还为那些被取消资格的司机开发了一个申诉系统。例如，他们争取到了“上厕所或茶歇时间”，并且在等待时间超过 2 分钟时仍可能获得报酬。此外，他们还为司机提供了很多便利，如在线提供最便宜的加油站信息。

最后，我们注意到，美国城市、司机、工会和其他组织正

① 隶属国际机械师和航空航天工人协会。

在尝试各种方式，为平台工作者提供集体表达的形式，但他们仍被排除在对雇员开放的传统方案之外。虽然这些尝试有明显的局限性，但已经带来了实实在在的好处。然而，当传统形式的工会主义逐渐失势且有时被工人及其雇主视为不合时宜的时候，基于更加协商一致的联合计划的集体组织有望取而代之，成为改善平台工作者状况的途径，同时又能保持其灵活性。

结 论

对美国情况的分析表明，法律的不确定性和不安全感继续盛行。立法层次的不同妨碍了能够实施一致的解决方案，而且人们缺乏纠正这一问题的政治意愿，短期内也不会有任何解决方法。这也是为什么庭审案件程序性细节如此复杂，许多争议都以仲裁或无法令人信服的庭外和解结案。事实上，走完了全部司法程序的争议通常与个案具体情况相关，缺乏整体一致性。在这方面，美国平台工作者是其规模庞大的受害者，也是其政治和文化多样性的受害者，全国的法律不尽相同，并非所有的州都能从同一角度来看待平台现象。美国仍然坚信个人主义的劳动关系和企业家精神，其凭借个人奋斗和美国梦的信念继续在平台经济中产生着强烈共鸣。即便如此，司机们正在努力组织起来，一些地方性倡议正在以自下而上的方式解决问题，从而产生了一种希望，即随着时间的推移，可能会出现更易理解的法律对策。从这个角度来看，平台问题仍亟待解决。优步就是这样一个例子，作为领跑者，它持续亏损并拼命试图通过恶化司机的工作条件来获取利润，残酷地凸显了这一现实。因此，政治、金融、法律和集体方面的压力不会消散，平台经济仍是个“烫手山芋”[①]。

（本部分由波尔多大学劳工和社会保障法比较研究中心博士生基兰·万·丹·伯格[②]写作，克里斯多夫·德格里斯汇编）

① https://www.vox.com/recode/2019/5/7/18528512/uber-driver-strike-gig-economy-labor- dilemma.

② Kieran Van den Bergh 基兰 · 万 · 丹 · 伯格在 Isabelle Daugareilh（波尔多大学劳工和社会保障法比较研究中心，波尔多）和 Simon Deakin（CBR，剑桥）的共同监督下，运用法国、英国和美国法律撰写了关于“数字化和劳动力演变”的博士学位论文。

结　论

平台经济正在帮助消费者和企业进入一个已转变为全球购物中心的世界，其中许多商店的橱窗由平台及其相关移动应用程序组成。现在，任何拥有智能手机的个人不仅可以立即接触到超市、银行、书店、电影院、出租车、酒店、办公室，也能迅速地使用廉价或熟练的劳动力，这包括快递员、司机、程序员、会计师、翻译，也包括助理。平台经济使虚拟的全球市场在我们指尖提供全天候的商品和服务。

但那些光鲜亮丽的商店橱窗背后发生了什么？在那里，我们发现了 21 世纪的虚拟工厂，“隐形发动机”、算法、智能机器人和工人。他们是谁？他们在哪儿？在什么条件下工作？

在这项研究中，我们试图发现幕后的故事。任何重大技术 / 管理转型会带来就业结构的深刻变化，这是转型所具有的共同社会特征。任何这样的变化都有赢家，即技能提升者；也有失败者，即那些资格、专业知识和技术突然过时的个人。尽管出现了新职业，因而需要新技能，但也有一些职业被降级。如我们所见，目前存在一种趋势，即工作的高强度化和对工作认同的丧失，在某些情况下甚至是去劳动化。嵌入在生产过程中的技术被用于提高生产率和盈利能力，管理者借此不断对劳动力施压，并在一定程度上使其边缘化。

平台经济在这方面也不例外。它在改变就业结构的同时，也产生了赢家和输家。在生产过程中越来越多地使用算法，这有助于强化工作，而管理功能的自动化则增加了工人去技能化的风险。平台及其算法统筹生产，匹配供需，组织、控制和评价员工，甚至在必要时切断与员工的联系，让他们变得“冗余”。

波尔多大学提议采用比较法律方法，分析 10 个工业化国家平台工作者状况，让我们能够足不出户地观察这种演变。它描绘了一幅劳动和社会保障权利转变的悲观景象：极低的薪资水平、雇主“有组织的不负责任”、法律地位混乱、禁止享受社会权利、禁止获得社会保障、禁止集体谈判和组织，以及基于算法的管理导致工作高强度化和无保障的健康与安全风险。虽然经济平台化的演变仍是有争议的辩论主题，但从这一点来看，经济平台化确实带来了社会权利风险，因为这些新形式的公司抛弃了社会权利。

在这项研究中，几个主要平台都刻意选择了相同的商业模式，其中人力只不过是廉价的商品。平台的管理策略旨在重塑 18 世纪和 19 世纪的社会关系，即国际劳工组织、《国际劳工组织公约》和《费城宣言》确认劳动力不是商品前的那种社会关系。这些平台可以说是技术破坏和社会抛弃的代名词。

即便如此，正如比较法律方法所显示的那样，这些技术并不必然导致劳动和社会保障立法的规避。也存在其他类型的平台，赋予平台员工以雇员身份，使他们能够获得社会保障，参与集体组织、工作委员会和职业培训。虽然它们积极选择了21世纪的商业模式，但同时也尊重缓慢稳步建立起来的社会模式，以应对第一次工业革命初期所观察到的童工、剥削、奴役和苦难的祸患。

在具有包容性和社会化的平台中，我们也正在见证复兴的甚至全新的集体组织的不断出现：

（1）工人集体非正式组织（西班牙的RidersXDerechos，瑞士快递员的集体NoTime，法国的Coursiers bordelais，西班牙的Asociación Española de Riders Mensajeros等）。

（2）团结运动，如荷兰的broodfonds。

（3）各类合作社（比利时的SMart，法国的Coopcycle等）。

（4）集体行动（博洛尼亚骑手“Snow Strike”罢工，伦敦及其他英国城市的UberEats罢工，布鲁塞尔和比利时列日户户送骑手的罢工，美国的集体诉讼和优步司机罢工等）。

（5）社交媒体上的讨论和互助团体（意大利博洛尼亚骑手联盟）。

（6）协会（纽约独立优步协会）和独立工会（大不列颠独立工会）。

除此之外，还有传统工会的改革行动：西班牙的“turespuestasindical.es”倡议；奥地利的Foodora企业职工委员会；荷兰的FNV-Flex（荷兰工会联合会）；Laconsegma与代表意大利骑手的Filt CGIL, Fit CISL和UILtrasporti工会签订的集体协议；由Syndicom和Swissmessengerlogistic代表瑞士快递员签署的集体协议；比利时、意大利和其他欧洲国家给自由职业者赋予工会会员身份[①]；隶属美国“劳联—产联”（AFL-CIO）的Working America……也有许多旨在帮助或支持平台工作者集体组织起来的举措。

同样重要的一点是，这项研究在第二章已经表明地方当局是一个意料之外但非常相关的参与者，发挥了潜在作用。某些欧洲城市和地区也出现了类似西雅图（美国）“合格司机代表”的联盟，如巴塞罗那的安达卢西亚劳动关系委员会和加泰罗尼亚社会伙伴（西班牙）、米兰的骑士局（意大利）、《数字劳动者基本权利章程》（意大利）：许多地方或地区当局正在参与关于平台及其社会责任的辩论，这符合经济、社会和地方凝聚力的

① Fulton L.（2018）Trade Unions protecting self-employed workers，Brussels，European Trade Union Confederation.

具体愿景。这种本地和全球趋势的交叉点当然值得更多关注。虽然有时地方当局的能力明显有限，但它们的创造力和原创倡议往往有助于将这些辩论列入更适当的政府层面的议程。仅这一点，就表明它们具有重要作用。

（本部分由克里斯多夫·德格里斯写作）

参考文献

Acemoglu D. and Restrepo P. (2018) Artificial intelligence, automation and work, NBER Working Paper 24196. https://www.nber.org/papers/w24196.

Antonmattei P.H. and Sciberras J.C. (2008) Le travailleur économiquement dépendant : quelle protection ?, Report to the Minister of Labour, Social Affairs, Families and Solidarity.

Babbage C. (1832) On the economy of machinery and manufactures, London, Charles Knight.

Baldwin R. (2019) The globotics upheaval: globalisation, robotics and the future of work, London, Weidenfeld & Nicolson.

Baudry B. and Chassagnon V. (2016) L'arbitrage entre le salariat et le travail indépendant au prisme des théories de la firme : une analyse économique des pratiques de crowdworking, Revue de l'OFCE, 5 (149), 167-189. https://doi.org/ 10.3917/reof.149.0167.

Berle A. and Means G. (1933) The modern corporation and private property, New York, McMillan. https://archive.org/stream/in.ernet.dli.2015.216028/2015.216028.The-Modern#page/n5/mode/2up.

Bouquin S. (2010) Harry Braverman face à la sociologie du travail, L'homme et la société, 4 (178), 159-179. https://www.cairn.info/revue-l-homme-et-la-societe-2010-4-page-159.htm.

Brynjolfsson E., McAfee A., Sorell M. and Zhu F. (2006) Scale without mass: business process replication and industry dynamics, Working Paper, Boston, Harvard Business School.

BusinessEurope (2018) Commission's proposal for a Directive on transparent and predictable working conditions, BusinessEurope's views, Position Paper, 26 February 2018.

Cakebread C. (2017) Amazon is now the size of a small country, Businessinsider.de, 27 October 2017. http://archive.wikiwix.com/cache/?url=http%3A%2F%2F www.businessinsider.de%2Famazons-workforce-grew-at-an-unprecedented-rate-in-2017-charts-2017-10%3Fr%3DUS%26IR%3DT%2F.

Cantwell J. (2009) Innovation and information technology

in the MNE, in Rugman A.M. (ed.) The Oxford handbook of international business, Oxford, Oxford University Press, 417-446.

Casilli A. (2019) En attendant les robots : enquête sur le travail du clic, Paris, Editions du Seuil.

Coase R.H. (1937) The nature of the firm, Economica, 4 (16), 386-405.

Drahokoupil J. and Fabo B. (2019) Outsourcing, offshoring and the deconstruction of employment: new and old challenges, in Amparo S.P. and Jepsen M. (eds.) The deconstruction of employment as a political question: 'employment' as a floating signifier, Basingstoke, Palgrave MacMillan, 33-61.

Dunning J.H. (2009) The key literature on IB activities: 1960-2006, in Rugman A.M. (ed.) The Oxford handbook of international business, Oxford, Oxford University Press, 39-71.

Eurofound (2017) Sixth European Working Conditions Survey–Overview report (2017 update), Luxembourg, Publications Office of the European Union.

Evans D.S., Hagiu A. and Schmalensee R. (2006) Invisible engines: how software platforms drive innovation and transform industries, Cambridge, Mass., MIT Press.

Fagot V. (2019) Dans l’entrepôt JFK8 d’Amazon, un ballet de robots pour une inépuisable recherche d’efficacité, Le Monde, 18 May 2019.

Feenberg A. (2010) Between reason and experience: essays in technology and modernity, Cambridge, Mass., MIT Press.

Ford H. (1922) My life and work, New York, Garden City.

Ford M. (2015) Rise of the robots: technology and the threat of a jobless future, New York, Basic Books.

Friedmann G. (1956) Le travail en miettes : spécialisation et loisirs, Paris, Gallimard.

Goldin C. and Katz L. (2007) The race between education and technology: the evolution of U.S. educational wage differentials, 1890 to 2005, NBER Working Paper 12984. http://www.nber.org/papers/w12984.

Head S. (2014) Mindless: why smarter machines are making dumber humans, New York, Basic Books.

Hobsbawm E.J. (2006) Les briseurs de machines, Revue d’histoire moderne et contemporaine, 5 (53-4bis), 13-28. https://www.cairn.info/revue-d-histoire-moderne-et-contemporaine-2006-5-page-13.htm.

ILO (2018) Digital labour platforms and the future of work: towards decent work in the online world, Geneva, International Labour Office.

Ingold T. (2010) L'outil, l'esprit et la machine : une excursion dans la philosophie de la.

« technologie », Techniques et culture, 54-55, 291-311. [Ingold T. (1988) Tools, minds and machines: an excursion in the philosophy of technology, Techniques et culture, 12, 151-176]

Kenney M. and Zysman J. (2016) The rise of the platform economy, Issues in Science and Technology, 32 (3), 61-69.

Kilpi E. (2015) The future of firms: is there an App for that?, Medium, 16 February 2015. https://medium.com/@EskoKilpi/movement-of-thought-that-led-to-airbnb-and-uber-9d4da5e3da3a.

Marx K. (1977) Le Capital, Paris, Editions sociales.

Mokyr J. (2001) The rise and fall of the factory system: technology, firms, and households since the industrial revolution, Carnegie-Rochester Conference Series on Public Policy, 55 (1), 1-45. https://doi.org/10.1016/S0167-2231(01)00050-1.

Munger M. (2018) Tomorrow 3.0: transaction costs and the sharing economy, Cambridge, Cambridge University Press.

O'Connor S. (2015) The human cloud: a new world of work, Financial Times, 8 October 2015.

OECD (2019a) Going digital: shaping policies, improving lives, Paris, OECD Publishing.

https://doi.org/10.1787/9789264312012-en.

OECD (2019b) Policy responses to new forms of work, Paris, OECD Publishing.

https://doi.org/10.1787/0763f1b7-en.

Open Society Foundation (2015) Technology and the future of work: the state of the debate. https://www.opensocietyfoundations.org/publications/technology-and-future-work-state-debate.

Owen R. (1817) Observations on the effects of the manufacturing system: with hints for the improvement of those parts of it which are most injurious to health and morals, 2nd ed., London, Longman, Hurst, Rees and Orme.

Pesole A., Urzí Brancati M.C., Fernández Macías E., Biagi F. and González Vázquez I. (2018) Platform workers in Europe: evidence from the COLLEEM Survey, JRC Science for Policy Report, Luxembourg, Publications Office of the European Union.

Réverchon A. (2017) La « révolution industrielle », histoire d'un récit trop bien huilé, Le Monde, 26 October 2017.

Rude F. (2007) Les révoltes des canuts : 1831-1834, Paris, La Découverte.

Schumpeter J.A. (1935) The theory of economic development: an inquiry into profits, capital, credit, interest, and the business cycle, New York, Oxford University Press. [Schumpeter J.A. (1911) Theorie des wirtschaftliechen Entwicklung: Eine Untersuchung über Unternehmergewinn, Kapital, Kredit, Zins und den Konjunkturzyklus, Leipzig, Verlag von Duncker & Humblot] Voir aussi : https://wp.unil.ch/bases/2013/08/joseph-schumpeter-les-cycles-economiques-et-les-innovations-technologiques/.

Sombart W. (1898) Le socialisme et le mouvement social au XIXe siècle, Paris, Giard et Brière.

Taplin J. (2017) Move fast and break things: how Facebook, Google, and Amazon cornered culture and undermined democracy, New York, Little, Brown and Company.

Thompson E.P. (1963) The making of the English working class, New York, Penguin Books.

Tomassetti J. (2016) Does Uber redefine the firm? The postindustrial corporation and advanced information technology,

Hofstra Labor and Employment Law Journal, 34 (1), 1-78.

Uber (2019) Prospectus UBER TECHNOLOGIES, INC., as filed with the Securities and Exchange Commission on April 11, 2019. https://www.sec.gov/Archives/edgar/data/1543151/000119312519103850/d647752ds1.htm.

Upwork (2017) Freelancers predicted to become the U.S. workforce majority within a decade, with nearly 50% of millennial workers already freelancing, annual "Freelancing in America" study finds, Presse Release, 17 October 2017.

Ure A. (1835) The Philosophy of Manufactures; or, an exposition of the scientific, moral, and commercial economy of the factory system of Great Britain, London, Charles Knigh.

Valenduc G. (2018) Technological revolutions and societal transitions, Foresight Brief #04, Brussels, ETUI.

Valenduc G. and Vendramin P. (2019) The mirage of the end of work, Foresight Brief #06, Brussels, ETUI.

Veltz P. (2017) La société hyper-industrielle : le nouveau capitalisme productif, Paris, Seuil.

Weil D. (2014) The fissured workplace: why work became so bad for so many and what can be done to improve it, Cambridge,

Mass., Harvard University Press.

World Bank (2015) The global opportunity in online outsourcing, Washington DC, World Bank.

All links were checked on 29.05.2019.